오연복의
K-가곡
톺아보기

아로새김

저자 오연복

신아출판사

추천의 말씀

K-가곡 정서의 대중화와 세계화에 우뚝 서다

이 광 녕 문학박사 / 한국가곡작사가협회 고문
루나 코덱스 프로젝트의 타임캡슐(한글 시조) 달 착륙 시인

오연복 시인은 시인, 작사가, 칼럼니스트 등 다방면에 걸친 문예활동으로 명성을 떨치고 있는 유능한 작가이다. 보통의 문인들은 문학의 본령인 시와 수필, 그리고 소설을 쓰고 자신의 문필 활동 자취를 남겼다고 생각한다. 그러나 오연복 시인은 문인으로서의 묵향 정서를 유감없이 드러내는 것으로만 끝나지 않고, 음악을 통한 한국문학 정서의 대중화와 세계화에까지 열정을 쏟고 있어 많은 이들에게 큰 감동을 주고 있다. 필자와 그는 작사가협회에서 활동하면서도 자주 접하지는 못하였지만, 은근히 드러나는 그의 독특하고 범상치 않은 작사 활동은 차츰차츰 필자에게 큰 놀라움을 주곤 하였다.

문필로 큰 족적을 남긴 선대 문장가들을 돌아볼 때, 문학 활동이 글 장난, 말 장난으로만 끝나서야 어찌 그 자체의 사명을 다했다고 말할 수가 있겠는가? 일찍이 다산茶山 정약용丁若鏞 선생은 "시대를 아파하고 세속에 분개하는 내용이 아니면 시가 아니다."라고 하였다. 문학을 통해서 시대를 아파하고 나라를 변화시키고 주변을 밝게 이끌어야 하는데, 오연복 시인은 이런 면에 앞장선 으뜸 작가이다.

논어의 태백 편에 "흥어시興於詩, 입어례立於禮, 성어악成於樂"이라 하였는데, 이는 시詩의 음악적 속성을 잘 말해 주고 있다. 사람의 인격 수양은 시詩로써 흥하여 일어나고, 예禮로써 바로 서게 되며, 음악音樂으로써 완성된다는 것이다. 여기서 '음악'이라 함은 한국적 환경으로는 아마도 '풍류風流'일 것이다. 인격의 완성이 음악적 정서로 완성된다니, 시인이 창작해 낸 시작품들은 경색된 지면의 글씨로만 남아있음에 그치지 않고 노래로 불리어져, 그 내재 되어 있는 숨결이 되살아나야 참가치가 있을 것이다.

그런 면에서 순수 시인들의 결합체인 한국가곡작사가협회는 참으로 의미 깊은 단체이며, 거기서 창작해 낸 노래시집 『시는 노래가 되어』-(통권33집), 그리고 작곡되어 발표된 수많은 가곡들은 역사에 길이길이 남을 주옥같은 작품들이다.

오연복 시인은 특히 한국적 문학과 음악 정서를 세계만방에 전파하는 데 앞장서 나아가는 이 시대에 보기 드문, 비범한 작사가이다. 이번에 발행되는 "오연복의 K-가곡 톺아보기, **아로새김**"은 그의 목마름의 붓끝을 '순수문학의 음악화와 세계화'에 열정으로 쏟아부은 결정판이다. 그 가곡 내용을 살펴보면 애국적 · 향토적인 것과 연가풍의 노래 등 다양하지만, 특히 눈길을 끄는 것은 「김치송」, 「김밥」, 「부다페스트의 아리랑」 등 한국적 정서가 곡진하게 드러난 것들이다. 작사가의 흥미롭고 걸쭉한 덧붙임말로 이어지는 이러한 가곡들은 우리 한국인들에게는 우리 문화를 되돌아보는 성찰의 계기를, 외국인들에게는 한국 문화에 대한 호기심과 더불어 K-가곡에 대한 새로운 인식의 계기를 마련해 줄 것이다.

이 가곡집에 실린 전곡이 다 가슴에 큰 울림을 주고 있지만, 그 대표로 「김치송」과 「부다페스트의 아리랑」 편만을 간단히 예시로 들어 본다.

> 국수 가락에 열무김치 고구마엔 동치미 / 깍두기와 갓김치 총각김치 오이소박이
> 김장 김치 쭉 찢어 흰 밥 위에 척 걸치면 / 고기반찬 부러우랴 보약 밥상 따로 없네
> 근육은 불끈불끈 소화력도 금상첨화 / 사시사철 김치 밥상 열 반찬도 안 부럽네.
>
> – 김치송 Kimchi Song 1절

「김치송 Kimchi Song」 제1절로서 독특한 한국적 정취가 감미롭다. 한국의 김장 문화는 우리 민족의 독특한 음식문화로서, 2013년 유네스코 인류 문화유산에 등재되었다.

작가에 의하면, 「김치송」은 망상에 사로잡힌 중국의 동북공정과 일본의 하찮은 도발에, 진정한 김치 종주국을 일깨우기 위한 대의大義로 탄생하였다고 한다. 문화의 척도가 곧바로 국격을 좌우하고 있는 이때, 선각자적인 작가의 예술적 감각이 농축된 가곡 발표는 한국인으로서의 큰 자부심과 긍지를 불러일으키는 기폭제가 되리라 생각된다.

> 찬란하여 오히려 슬픈 다뉴브강 / 한국 유람객들을 인어 등에 태우고
> 낯선 용궁에 차가운 수장을 하였네 / 머르기트 다리에 노을 내려앉거든
> 순백의 무궁화 한 송이 띄워주소서
>
> – 「부다페스트 아리랑」 2절

※ 침몰 유람선인 '허블레아니'는 헝가리어로 '인어'라는 뜻이며, '머르기트 다리'는 유람선이 침몰한 지점에 교각이 있는 다리로, 비극의 현대사를 품고 있다고 함.

애절한 「부다페스트 아리랑」 2절이다. 부다페스트 다뉴브강의 휘황한 밤 풍경은 세계 3대 야경으로 손꼽히며. 말할 수 없이 매혹적이지만 그 황홀경의 이면에는 가슴 아픈 역사가 묻혀있는 곳이라고 한다.

이 가곡은 2019년 5월 29일, 헝가리 부다페스트 다뉴브강에서 한국인을 태운 유람선 허블레아니호가 대형 크루즈 선인 바이킹 시긴호에 추돌 · 침몰된 비보(한국인 25명 사망, 1명 실종)를 접하고서, 오연복 시인이 그 원혼과 유족을 위로하는 애도의 시로 읊어낸 것이다. 오 시인은 허블레아니 유람선 침몰 사고가 발생하기 3개월 전에, 다뉴브강에서 유람선을 타고 부다페스트 야경을 관람한 적이 있어서 사고 현장과 그 주변의 정황이 생생하기에 안타까움이 더 크게 와 닿았다고 한다. 또한 그 희생자를 위무함과 더불어 제2차 세계대전 당시에 학살된 수많은 시민의 원혼까지 달래는 진혼鎭魂의 염원을 이 「부다페스트 아리랑」에 담아내었다고 한다.

오연복 시인의 작품에는 '한반도' · '한복' 등 한국적, 향토적인 정서를 고취시키는

가곡들이 주류를 이루고 있지만, 이 「부다페스트 아리랑」 같은 가곡은 한반도를 떠나 멀리 이역 땅으로까지 그 문필 문화의 범위를 넓히고 있으니, K-컬쳐의 세계화에 쏟아붓는 작가의 열정에 큰 박수를 보내주고 싶다. 부다페스트 거리에서 요한 슈트라우스의 「푸른 다뉴브강」 노래와 함께 오연복 시인의 「부다페스트 아리랑」도 잔잔히 울려 퍼진다면, 한국인으로서 그 얼마나 크게 감동받을 일이겠는가?

지금은 국운 상승과 더불어 한류 열풍을 타고 K-팝, K-드라마, K-뷰티 등 K-컬쳐가 지구촌을 흔들고 있다. 그런데 어찌하여 K-가곡만이 오랜 기간 잠들어 있었는지 참으로 안타까운 심정이다. 이는 우리 사회의 정책 입안자들을 포함한 모든 작사가와 작곡가들이 일심전력해서 나아가야 할 당면과제이다. 정약용 선생은 시를 통해서 나라를 안정시키고 평화를 정착시켜야 한다는 점을 강조하였다. "시詩"는 평화의 밑거름이 되기에, 정서적인 '음악音樂'으로 다듬어져야 하며, 만인의 가슴에 울려 퍼져야 한다.

이번에 출간하는 "오연복 시인의 K-가곡 톺아보기, **아로새김**" 가곡집은 지금까지 출간된 기존의 여타 가곡집과는 그 의도나 악곡 성향의 기조가 완전히 색다른 결정판이기에 그 기대가 크다. 여기에는 군자다운 인격을 갖춘 오 시인의 애국심과 향토애, 그리고 순수한 인간미가 살아 꿈틀거리고 있다.

이 한 권의 가곡집에 실려 있는 명곡들이 K-컬쳐 열풍을 타고 전국 방방곡곡은 물론, 세계 각지에 울려 퍼지는 날을 고대해 본다.

(乙巳 晩秋, 三益 寓居에서 曉奉 撰)

추천의 말씀

일상 속의 위로와 소망을 은혜롭게 노래하다

오 범 열 목사 / (사)남포월드협의회 대표총재
전국 17개 광역시도 227개 시군 기독교총연합회 대표총회장

오연복 시인은 〈세상에서 가장 긴 시詩〉를 쓴 시인입니다.
제목을 '세상에서 가장 긴 시'라고 명명한 시의 본문은 세계의 모든 시 중에서 가장 짧은 낱말로 내용을 이루고 있는데, "삶"- 그 한 글자랍니다. "삶"은 희로애락과 생사를 함축하고 있으며, 살아있는 동안의 모든 행적을 기록할 방대하고 풍부하며 긴 서술일 것임이 분명합니다.

그 어느 뉘가 가히 토씨 하나 흩트리지 않고 그 삶을 서술할 수 있을까요? 그런 의미에서 〈세상에서 가장 긴 시詩〉는 '세상에서 가장 짧은 단 한 글자'로써 세상을 감명시키고도 남을 '세상에서 가장 긴 시'임에 틀림이 없을 것입니다.

오연복 시인은 한국문단사 최초로 「스포츠 시」의 장르를 일궜으며 "김치송 Kimchi Song", "씨름 한마당", "한복의 노래 Hanbok Song", "한반도" 등의 K-가곡을 발표한 애국 시인입니다. 또한 "소 한 마리 키워 보세요", "이쑤시개", "유치원과 노치원", "부다페스트 아리랑" 등의 가곡을 지어서 사회와 시대의 애환을 다독이는 휴머니스트입니다. 시인의 온유한 성정으로 응축된 〈오연복의 K-가곡 톺아보기, **아로새김**〉- 이 한 권의 책 속에는 시인의 긍휼한 사랑이 곳곳에 배어있습니다.

한 편 한 편이 주옥같은 수필인데, 때로는 물상을 찬미하고 때로는 나라와 사회를 애틋하게 보듬기도 합니다.

'사랑'은 별을 품는 게 아닙니다. '사랑'은 어슴푸레한 달빛 아래의 저울추이거나 막연한 제단에 입 맞추는 이상향도 아닙니다. 하나님의 사랑은 "네 이웃을 네 몸과 같이 사랑하라"라는 말씀이 큰 줄기를 이루고 있습니다.

예수님께서는 십자가의 희생을 통하여 궁극적인 사랑의 모범을 보이셨는데, 그 거룩한 사랑은 뭇사람들의 빈곤과 불공정, 전쟁과 악덕 등의 근원적이고 사회적인 문제 해결까지도 걸머지고 계십니다. 곧, 실상에 대한 이해와 실천적 도움 및 십계명의 구체적인 계명 준수를 신앙과 일상 모두에서 중요한 윤리적 기준으로 제시하시는 것입니다. 오 시인은 그 일상적 사랑의 실천을, 튀르키예 탐방기 「샬롬, 아나톨리아」의 행장을 통하여 몸소 증명하고 있습니다.

시인의 행장에는 튀르키예의 역사와 신화, 종교의 자취를 옹글게 꾸리고 있습니다. 그 속에는, 멀리 있지만 가까운 우리의 이웃인 튀르키예를 사랑하는 마음이 바탕을 이루고 시대와 종교를 아우르는 근원적인 인류애가 담겨 있습니다. 그런 살핌으로 볼 때 단순히 긍휼한 감정에서만 머무는 것이 아니라 실제 행동으로 구현하는 오 시인의 "K-가곡 톺아보기, **아로새김**"에는 '사랑'이 본바탕을 이루고 있음이 자명합니다.

이에 일상 속의 위로와 소망을 은혜롭게 노래하는 이 한 권의 양식良識을 기쁨으로써 추천합니다.

추천의 말씀

우리 가곡의 부흥을 기대합니다.

최 현 석 작곡가 / 목원대학교 음악대학 겸임교수 · 가곡동인 PD

가곡의 정서 함양에 대한 순기능은 참으로 큽니다.
요즘 청소년들이 듣는 음악은 대부분이 가요입니다.
심지어 초등학생들이 성인 가사의 가요를 노래하는 것이 공영방송에 버젓이 나오는 현실은 참으로 개탄스러운 일이 아닐 수 없습니다. 가곡을 방송하는 프로그램은 KBS 제1FM "정다운 가곡"이 거의 유일합니다.

우리 정서 가득한 우리 가곡의 활성화에 방송 및 출판이 앞장서야 할 이때 "오연복의 K-가곡 톺아보기, 「아로새김」"의 출판은 큰 의미로 다가옵니다.

유년 시절, 개울가에서 낮에 놀다 두고 온 나뭇잎 배가 어찌 가고 있는지 궁금해서 잠을 못 이룬 적이 있었습니다. 이 감성은 오늘까지 이어져 저의 음악의 토대가 되고 있는데, 이 책에서 그때의 추억을 발견합니다.

이 아름다운 모습이 이 책과 함께 미래세대에 유전되어 우리 가곡 부흥의 큰 열매로 다가오기를 간절히 소망합니다.

– 최현석 작곡가 –

오페라 〈선구자 도산 안창호〉, 〈처사남명〉, 〈두 개의 시선〉, 〈명랑선화〉 등

가곡 〈떨이〉, 〈어느 간이역에서〉, 〈카페라테〉 등

머 리 말

저자 **오연복**

K-가곡(Lied/Art song) 100여 년의 역사에서 박태준의 〈가곡집(1927)〉을 필두로 개인과 여럿의 가곡을 묶어 낸 가곡집들이 상당수 출간되기는 하였지만, 개인의 [K-가곡 변해辯解]를 펼쳐 엮은 것은 이 책이 첫 사례가 아닌가 한다. 우리나라의 가곡은 1900년대를 전후하여 서양의 민요와 찬송가 등이 도입되면서 〈창가〉라고 불리었던 성악곡으로부터 출발한다. 창가唱歌는 가곡, 창작동요, 대중가요로 분화된다. 근대 가곡은 작곡가에 의해 창작되고 악보로 유형화하여 보급되었는데, 초창기에는 대체로 계몽적 내용이 다루어졌다.

서양음악 전문가 김인식의 "학도가(1904년)"는 근대 창작 가곡의 물꼬가 되었다. 그리고 1926년에 발표된 홍난파의 "봉선화(원곡: 애수/1920년)"는 '창가가 예술적으로 승화된 최초의 창작곡'이라는 평가를 받으면서 「K-가곡(우리나라 예술가곡)의 효시」로 자리매김한다. 그 후 김동진의 "가고파(1933)"는 본격적인 K-가곡의 전형이 되었고 김소월, 이은상, 박화목, 박목월, 조지훈, 조병화, 정지용, 김영랑, 서정주 등 서정시인들의 시詩가 작곡자들의 영감을 자극하여 서정성 짙은 예술가곡을 탄생시켰다.

홍난파, 현제명, 김동진, 김성태, 윤이상, 최영섭, 이안삼, 오동일, 임긍수 등의 작곡가가 우리나라 근 · 현대 예술가곡의 길목을 지켰으며 최현석 작곡가를 필두로 젊고 유망한 음악가들이 K-가곡의 발전과 고양에 열정을 쏟아가고 있다. K-가곡의 황금기를 구가한 1980년대 이후 영국 〈그로브음악대사전〉 등 세계적 음악 사전에 한국 가곡과 성악가가 수록되면서 국제적으로 면모가 알려졌다.

그런가 하면 1990년대부터 조수미, 신영옥, 임청화, 김동규, 정명훈 등 한국 음악가들이 유럽 오페라 극장, 뉴욕 등 세계적 무대에서 공연하며 한국 가곡과 성악의 우수성을 알리고 있다. 1920년대 이후 크고 작은 부흥기가 있었고 작곡가들의 '친일 · 월북 · 독재정권 부역' 등의 논란에 부침의 몸살을 앓기도 하였지만, K-Culture 대세의 흐름에 발맞춰 다시 중흥을 꿈꾸고 있다.

2022년 예술의 전당에서 초연 이후에 뜨거운 환호와 성원으로 순회공연 하며 롱런하고 있는 'K-스토리 영상 콘서트 - 「위대한 청춘」'이 2025년 하반기 서울 공연으로 열기를 더한다. 「위대한 청춘」은 6.25 한국전쟁의 잿더미에서 경제선진국으로 도약한 한국의 산업화와 민주화를 조명하는 명품 콘서트이다.

2025년 10월 추석 연휴를 기하여 '외국인 성악가를 대상으로 하는 최초의 K-가곡 경연대회'인 「K-가곡 슈퍼스타」가 KBS1 TV에서 방영되었다. 세계 45개국의 최고 성악가 228명이 참가한 이 대회는 세계적인 소프라노 조수미가 심사위원장을 맡았고 우리 정서를 정확히 읽어내며 K-가곡의 물결에서 자유자재로 헤엄치는 외국 성악가들의 수준 높은 연주로 시청자들을 매료시켰다.

이번 대제전을 계기로 K-가곡만의 독창적이고 심오한 예술적 감성이 세계인과 어우러져 공유되면서 널리 큰 울림으로 메아리치기를 소망해 본다. 아울러 민족의 소중한 문화유산인 K-가곡을 다양한 장르와 융합하고 폭넓은 해석을 곁들여가면서 나날이 새롭게 발전시켜 나가기를 바란다.

이 책은 필자가 저명한 종합문학지인 [월간시詩SEE]에 2023년 5월호부터 2025년 6월호까지 연재해 온 가곡 자작시 변해辯解 〈시는 노래가 되어〉를 한데 모은 것이다. 사랑을 끄적이고 세상을 들춰보며 삶의 궤적에 음표를 그려 넣었다. 유유자적하면서도 울고 웃는 세상살이를 서정성 짙게 관조하다가 서사적으로 풀어보기도 하고 때로는 신랄한 해학도 곁들이는 이 책의 한 토막, 한 꼭지가 정감 어린 수필의 뜨락이며 삶을 노래하는 복된 그루터기가 될 것으로 믿어 의심치 않는다.

그리고 오연복 K-가곡 '한 편 한 편의 태동과 탄생의 자취를 톺아가는 변해辯解'가 삶의 그림자인 예술가곡을 살피고 이해하는데 작은 부표라도 되기를 바라는 마음으로 이 글을 엮는다.

▌차례▌

▩ **추천의 말씀** (사)한국가곡작사가협회 고문 / **이광녕** 문학박사
(사)남포월드협의회 대표총재 · 철학 박사 / **오범열** 목사
목원대학교 겸임교수 · 가곡동인 PD / **최현석** 작곡가

▩ **머리말** 저자 **오연복**

제1부 한복의 노래

김밥(@)))))))) ········· 17
김치송頌 kimchi Song ········· 21
남양주 예찬 ········· 27
물푸레나무 타령 ········· 37
변산반도 마실길 ········· 41
사랑의 도보다리 ········· 50
씨름 한마당 ········· 60
한반도 ········· 69
한복의 노래韓服頌 Hanbok Song ········· 85

제2부 첫 눈

구월의 묵상 ········· 99
당신이 그리울 때 ········· 107
사랑의 사계절 ········· 113

상고대霧氷 …… 118
시인의 아내 …… 124
애련의 능소화 …… 133
지성이면 감천 …… 139
첫눈 …… 148
향일암 …… 153
행복한 결혼 …… 161

제3부 부다페스트 아리랑

갓밝이 …… 171
꽃무릇 …… 176
눈물만 남는답니다 …… 180
부다페스트 아리랑 …… 187
소 한 마리 키워보세요 …… 193
세월 정거장 …… 196
유치원과 노치원 …… 206
이쑤시개 …… 213

책 속 나들이 샬롬, 아나톨리아 …… 225

돋을새김 …… 259

제1부

한복의 노래

김밥

김치송頌 Kimchi Song

남양주 예찬

물푸레나무 타령

변산반도 마실길

사랑의 도보다리

씨름 한마당

한반도

한복의 노래

김밥 (@))))))))

오연복 시 / 이종록 곡 / Bar.박승혁

G바겐

영상세계

둘둘둘 김 쌈을 싼다, 바닷바람 스민다
오르락내리락 파도를 타는 반지르르한 흰쌀밥
달걀말이에 묻은 치즈 한 조각 꼬들 쇠고기

김밥에는 단무지 당근 유부 오이는 반주자
옆구리 톡 터지면 피식 웃는 찬밥 덩어리
돌돌돌 사랑을 감싸면 고소함 넘치는 행복

살살살 맨밥을 만다, 누드김밥이란다
엉길 듯 말 듯 손가락 사이 넘나드는 김 한 장
맛살 어묵에 땡초 탱글탱글한 햄 소시지
유들유들 참치에 우엉우엉 먹는 맛 일품이야
옆구리 톡 터지면 피식 웃는 찬밥 덩어리
돌돌돌 세월을 감싸면 아련히 맴도는 추억

김밥 (@))))))))

김밥에는 추억이 돌돌 말려 있다.
김밥은 사랑을 둘둘 감싸고 있다.

외식문화가 자리 잡기 한참 전, 배달 문화는 태기조차 보이지 않던 시절, 바깥나들이에 필수 품목이다시피 하였던 김밥-
초 · 중 · 생들 손꼽아 기다리던 소풍에, 하염없이 깊은 밤길을 열어가던 완행 열차 여행에 꿀맛으로 한 끼를 채워주던 김밥 한 줄!

잔디밭에 오순도순 앉아 김밥을 나누던 소풍 점심!
펼쳐진 도시락에 옆구리 툭 터진 김밥이라도 보일라치면 친구들 웃음보도 피식 후후 까르르 터지며 배꼽을 쥐었었지.
그렇게 학우들은 김밥처럼 둘둘 사랑을 말아서 오랜 친구가 되었고 그렇게 그 시절은 돌돌 말려서 추억의 갈피가 되었다.

김과 밥이 만나서 더할 나위 없는 신세계를 연출하는 마법 같은 김밥! 감싸 안은 재료 따라 색다른 맛깔을 내보이는 김밥!

시금치, 당근, 우엉, 단무지로 싼 "옛날김밥"-
속 재료는 김 안에 싸고 밥을 돌돌 밖으로 말아내면 "누드김밥"-
김에 밥만 둘둘 말아 겉절이 섞박지, 깍두기, 오징어무침을 따로 먹는 "충무김밥"-

4등 분한 김에 마성의 조미를 하여 김 쌈을 한 "꼬마(마약)김밥"-
김밥 한 줄에 손질한 꽁치 한 마리 듬뿍 "꽁치김밥"-
삼겹살, 새우, 돈가스, 불닭, 한우 등심, 크림 등 고급 식재료로 호사 넘치는 "황제김밥"-
최근 미국 길거리 음식의 최고봉을 찍고 있다는 "코리아 냉동김밥" 등등

세월의 변천과 생활 수준의 변화에 따라서 김밥의 형태와 식객의 기호도 다변화하고 있다. 나아가서 K-Food 열풍이 불면서 간편하면서도 풍미가 좋은 김밥이 미국 유수의 대도시에서 품귀현상까지 일으키며 현지인의 입맛을 사로잡고 있다고 하니 「김치」, 「불고기」, 「비빔밥」 등과 더불어서 한국인의 혼과 손맛이 인류의 먹거리 문화의 우상으로 자리매김하는 시대를 맞이하고 있다고 하여도 과언이 아닐 것이다.

세상은 그렇게 '세월을 돌돌' 김밥에 말고 있다.
김밥은 그렇게 "사랑을 둘둘" 말아가고 있다.
그렇게 그렇게 또 그렇게 포일에 씌워진 김밥이든, 도시락 귀퉁이에 찌그러진 김밥이든, 본차이나 접시의 꽃 그림 옆에 놓인 김밥이든 추억 한 움큼, 사랑 한 사발 돌돌돌 말려 간다.
김밥은 옆구리 툭 터져 있을 때 더 사랑스럽고 들쭉날쭉 못생긴 꽁다리가 더 맛깔스럽다.

우리만의 손맛이 멋스럽게 말린 K-김밥!
K-김밥은 오랜 세월, 엄마와 이웃 아줌마의 손맛과 기미를 거쳐 세계인의 혀끝을 자극한다.

〈김치송 Kimchi Song〉 시인인 필자와 저명한 작곡가 이종록 교수가 [김밥]을 맛깔스럽게 말아서 K−가곡 시장에 내놓았다.
그리고 바리톤 박승혁 교수가 걸출한 목소리로 출출한 시장을 들었다 놨다 한다.

***

줌마체로 이모티콘 한 번 날려 본다 *^0^*

“(@);;))))) 옆구리 톡 터진 김밥”

^☼^ 한나절 넘기는 대기 줄 ~ 책임 못 집니다 ^☼^

***

사시사철 아침저녁 시시때때로 먹어도 좋을 김밥, 조금 출출한 새참 때 먹는 김밥은 더할 나위 없이 꿀맛이다.
바닷가에서 떡볶이와 먹는 김밥, 산 정상에서 라면 국물과 먹는 김밥은 미슐랭 별책부록이다.
책갈피에 단풍잎 찾아드는 겨울의 길목, 조금 이를 듯한 어묵 국물 더불어 먹는 김밥도 참 유별나게 맛깔스럽다.

김밥 사랑(김경례 작)

김치송頌 kimchi Song

오연복 시 / 임긍수 곡 / sop. 임청화

임청화(독창)

아가페합창단

프렌즈합창단

국수 가락에 열무김치 고구마엔 동치미
깍두기와 갓김치 총각김치 오이소박이
김장 김치 쭉 찢어 흰밥 위에 척 걸치면
고기반찬 부러우랴 보약 밥상 따로 없네

근육은 불끈불끈 소화력도 금상첨화
사시사철 김치 밥상 열 반찬도 안 부럽네
파김치 된 사람은 파김치로 위로하고
시원 · 청량한 백김치 나박나박 나박김치
면역력 높이고 뱃살 고혈압 가뿐해
혈관을 청소하고 간 기능도 올려준다네
살살살 잡아주는 유산균의 보물창고
신진대사 키워서 성인병 예방 최고라네

(후렴)
동맥경화 암세포 피부 노화 막아주는
반찬 중 으뜸이요 진수성찬 첫째 손가락
겨레의 얼로 버무리고 혼으로 담아내는
자랑스런 한국의 맛 지구촌이 찬미하네
자랑스런 한국의 맛 지구촌이 찬미하네

K-Classic에 버무린 우리의 맛!

김치송頌 kimchi Song

오연복 시와 임긍수 곡의 맛깔스러운 버무림

한국 가곡작곡계의 거장 임긍수 작곡가와 중견 작사가인 필자는 2019년 2월 18일에 〈작곡가 이안삼 초청 음악회(금빛 날개여)〉로 주제 공연한 제20회 서울예술가곡제(서울우리예술가곡협회 주최)에서 뜻깊은 만남을 가졌다.
그 자리에서 두 사람은 멋진 작품 한편 만들어 보자고 뜻을 모았고 필자가 초안을 잡은 "김치송" 시를 이듬해인 2020년 5월에 퇴고하여서 노랫말로 임긍수 작곡가에게 건넸다.
그리고 2021년 1월 12일에 이르러 마침내 임긍수 작곡가로부터 악보와 음원을 건네받게 되었으니 "김치송"은 상당한 숙성기간 동안 잘 버무려져서 세상에 선보인 셈이다.

김치송을 작시하게 된 배경

중국의 동북공정으로 촉발된 한복, 김치 등 우리 문화에 대한 침탈 행위는 사드THAAD 배치 문제로 갈등을 빚던 2013~2017년경에 이르러 중국 관영매체인 환구시보를 필두로 중국 최대포털사이트인 바이두 등에서 김치는 중국에서 기원한 중국 음식이라면서 노골적인 도발을 해대며 촉발되었다.
단순히 채소를 소금 절임 하는 "파오차이(泡菜)"를 종합발효식품인 우리 민족의 김치에 빗대어서 "김치는 쓰촨(四川) 파오차이를 흉내 낸 짝퉁"이라면서 억지 주장을 해온 것이다.

파오차이는 중국 전역에서 널리 먹는 쓰촨 지방 전통의 '절임 채소'이다. 무, 당근과 같은 채소를 식초, 설탕, 청주를 섞어 만든 물에 하루 정도 담가 발효하는데, 그렇게 하면 다음 날 바로 먹을 수 있다.
즉, 서양의 피클처럼 따로 맛을 낸 국물에 채소를 절인 것이다.
점입가경으로 일본에서도 일부 언론과 유튜버가 "김치는 일본이 종주국"이라며 설친다는 데 일본의 "기무치(쓰케모노의 일종)"는 소금에 절인 배추에 산도 조절을 하여 신맛을 내는 것으로 우리 김치에 비하면 유산균 함량이 166분의 1에도 못 미치는 기준 미달의 식품이라고 한다.

돌이켜보건대, 중국에서는 2003년 중증 급성 호흡기 증후군 원인균인 사스 바이러스(SARS-CoV)가 유행할 당시 "한국인이 사스에 걸리지 않은 것은 김치를 즐겨 먹기 때문"이라는 자국 언론 보도로 김치 열풍이 불었었다.
그리고 드라마〈대장금〉 등을 통한 한류의 영향과 중국의 소득 수준이 높아지면서 건강을 중시하는 웰빙 추세가 이어지면서 김치가 중국인들에게 많은 사랑을 받아오고 있는 현실이다.
실상이 그러한데도 어불성설의 행태를 보이는 저들을 겨냥하여, 필자는 "김치"가 우리 민족의 자랑스러운 발효음식임을 또렷이 각인시키고 경종을 울리는 노래를 만들어야겠다는 결심을 하게 되었다.
그러한 시점에 우리 정부가 2020년 초 김치산업진흥법을 개정하여 법정기념일을 제정하는 근거를 만들어서, 매년 11월 22일을 〈김치의 날〉로 정하였으니 "김치송頌 Kimchi Song"은 시대적인 요구에 부응하여 태어났다고 할 수도 있겠다.

세계로 울려 퍼질 김치송

"김치송頌 Kimchi Song"은 임긍수 작곡가가 솔로 악보를 작곡한 후 합창곡과 오케스라 악보로 편곡하여서 2021년 3월 4일에 서울 잠실 〈롯데콘서트 홀〉에서 프라임필하모닉오케스트라 연주와 아가페앙상블 합창으로 초연을 하였고, 〈SBS 가곡의 대향연〉에 방영되었으며 내외신문, 기독타임스, 광장21, 경북종합뉴스 등 여러 언론 채널과 매체에 보도되었다.

"K-Classic세계화운영위원회" 총감독인 소프라노 임청화 교수가 노래 불러서 널리 알리고 있으며 서울예술가곡협회에서 수차례 공연을 하고, 초 · 중생들로 구성된 〈꿈다락오케스트라〉가 2021년 한 해 동안 전주한옥마을, 광주김치박물관, 광주문화예술회관, 지역 김치공장 등을 순회하면서 공연을 펼쳐서 큰 호응을 얻었다.

그리고 충청남도 당진시에 자리한 명문 마이스터교인 합덕제철고등학교와는 "김치송頌 Kimchi Song"이 계기가 되어서 특별한 인연을 맺게 되었다.
합덕제철고등학교는 해마다 학교 텃밭에 김장용 채소를 경작하고 그 재료로 김치를 담가서 지역의 소외계층에 나눔 봉사를 해오고 있기에 미담의 한가운데 있으며 사회적, 교육적으로 큰 본보기가 되는 학교이다.
그 학교에서 필자의 "김치송頌 Kimchi Song"을 접하고서 학생들의 교재로 활용하며 노래를 가르치면서 김치의 중요성을 일깨우고 있다고 하니 그 인연에 감사할 따름이다.

그런가 하면, 우리 김장 설비와 조리 요식을 세계 여러 나라에 수출하면서 "K-Food 김치"를 세계에 알리는 최선봉에 서 있는 〈㈜김치라인 이영수 대표〉와도 인연을 맺게 되었다.

이영수 대표는 김치 자동화 설비를 국내 김치공장 200여 곳과 미국, 캐나다, 중남미, 남미, 호주, 뉴질랜드, 일본, 베트남, 인도, 영국, 독일, 러시아 등 오대양 육대주에 보급하고 있는 명실공히 K-김치 전파의 선구자요 전도사다. 그 이영수 대표가 "김치송頌 Kimchi Song" 탄생을 환영하면서 자신이 운영하는 세계적인 블로그 등의 매체를 통하여 특별한 애정으로써 "김치송頌 Kimchi Song"을 부각하고 있다. 또한, 과학기술정보통신부 산하 정부출연연구기관인 『세계김치연구소』에서 "김치송"을 한국 김장 문화의 소중한 자료로 인정, 홍보자료로 활용하기로 하였다.

김치는 미국의 건강 전문 잡지 〈헬스〉가 '세계 5대 건강식품'으로 선정하였으며 전 세계인이 즐겨 찾는 식품이 됐다. 탁월한 민족문화 유산인 김치에 대한 대한민국인의 자긍심과 사랑을 새삼 체감하면서 "김치송頌 Kimchi Song"을 계기로 K-Pop, K-Drama, K-Beauty, K-Art가 세계를 주름잡고 있는 'K-Culture 대세의 시대'에 "K-Food 김치"가 세계인의 발효식품 대명사로 자랑스럽게 자리매김하기를 소망해 본다.

SBS 문화가중계 「김치송」 방영
(프라임필오케스트라 연주, 아가페앙상블 합창)

유네스코에 등재된 김장 문화

대한민국 김장 문화는 2013년에 유네스코 인류무형문화유산 대표 목록(Representative List of the Intangible Cultural Heritage of Humanity)에 등재되었다. 그로부터 2년 뒤인 2015년에는 북한의 "김치 담그기 전통"이 유네스코에 등재됨으로써 김장 문화는 한민족의 독특한 음식문화 자산이자 소중한 인류 문화유산임을 세계만방에 각인시키게 되었다.

다시금 밝히건대, "김치송頌 Kimchi Song"은 망상에 사로잡힌 중국의 동북공정과 일본의 하찮은 도발에, 진정한 김치 종주국을 일깨우기 위한 대의大義로 탄생하였다.

K-Classic 가곡세계화운영위원회
예술총감독 **Sop.임청화 교수** 독창

남양주 예찬

오연복 시 / 최현석 곡 / Bar. 양진원

Bar.양진원

천마산 정기 내리고 다산의 숨결 서린 땅
남한강 북한강이 하나 되어 유려하게 흐르고
발길 닿는 곳마다 유쾌 상쾌 통쾌한 명소라네
눈길 머무는 곳마다 한 폭의 그림이로다

애국의 얼이 서리고 애민의 정신 깃든 땅
젊음과 낭만으로 추억을 쌓아가는 경춘가도
광릉 숲 소나무에 크낙 크낙 크낙새 노래하네
맑고 깨끗한 남양주 희망도 푸르구나

(후렴)
별빛 초롱하고 아침이 산뜻한 명품도시 남양주
활기 넘치는 남양주 동네방네 웃음꽃 아름답네 아름답네
동네방네 웃음꽃 아름답네 아름답네 아름답네

천마산의 정기서린 땅

산림청 선정 100대 명산이자 경기 10대 산인 천마산(812m)이 남양주시의 진산鎭山으로 우뚝 솟아 있다.

'하늘을 만질 수 있을 산'이라는 뜻을 지닌 천마산天摩山은, 조선을 건국한 이성계가 장수將帥 시절의 고려말에 이 산으로 사냥을 나왔다가 "산이 매우 높아서 내 손이 석 자만 길었어도 가히 하늘을 만질 수 있겠다(手長三尺可摩天)."라고 말한 데서 그 이름이 유래하였다고 한다.

남양주시는 북한강과 남한강이 합수머리를 이루어 한강의 큰 물줄기를 터가는 상생 화합의 지역이요, 유려한 한강이 절묘하게 감싸 안으며 흘러가는 천혜 비경의 고장이다.

그 우뚝하고 수려한 정기가 서려 있어서 남양주시는 유네스코 세계문화유산인 광릉, 홍유릉 등의 왕릉을 비롯하여 산들소리수목원, 청학동 계곡, 오남호수공원, 남한강 자전거길, 미음나루, 팔당호, 수종사, 물의정원, 남양주촬영소, 수동계곡, 몽골문화촌 등 볼거리가 넘쳐나며 조선 후기 예학의 권위자이며 정조의 스승이었던 "박성원", '순량리(循良吏:법을 지키고 이치를 따르고, 백성에게 선정을 베푼 관리)'라 칭송받았으며 〈산림경제〉를 남긴 "홍만선"을 비롯하여 명현과 명망가를 많이 배출하였다.

그 가운데 애국愛國의 표상인 "이석영" 선생과 애민愛民의 대명사인 "정약용" 선생이 돋보인다.

조선 시대 영의정 6명과 대제학 2명을 배출하였으며 삼한갑족三韓甲族이라 일컬어지는 명문가의 후손인 독립운동가 이석영(1855.12.3~1934.2.16) 선생이 남양주의 큰 별 중 한 분이다.

선조 때의 명재상인 이항복의 10대손인 이석영 선생은 이조판서를 지낸 이유승의 둘째 아들로 태어났는데, 영의정을 역임한 종숙부 이유원에게 입양되어서 천마산의 동쪽 품 자락인 남양주시 화도읍 가곡리 임하려林下廬에서 살았다.

21세 때 과거에 급제하여 장례원소경掌禮院少卿을 거쳐 종2품 가선대부嘉善大夫에 올랐다.

1910년, 한민족 역사상 최악의 흑역사로 기록되는 경술국치庚戌國恥를 당하자 남양주 일대에 광활하게 소유하던 땅을 비롯한 전 재산을 급히 처분하고서 식솔을 이끌고 만주 땅으로 이주하여 독립운동을 펼쳤다.

헐값으로 급매 처분한 이석영 선생의 땅과 기타 재산은 당시 40여만 원으로서 현재 가치로 환산하면 무려 2조 원이 넘을 것이라 한다.

이주할 때 선생을 비롯하여 형 건영과 동생 철영 · 회영 · 시영 · 호영 등 6형제가 뜻을 같이하였고 풍족한 갑부들이었던 형제들도 각자 많은 가산을 정리하여 함께 만주로 가서 경학사와 신흥무관학교를 설립하여 독립군을 양성하는 등 독립운동에 막대한 힘을 보탰다.

지금으로 보면 대재벌로서 남 부러울 것 없이 금의옥식錦衣玉食할 수 있었던 여건에서 오로지 민족의 안위와 독립 광복을 위하여 전 재산을 초개와 같이 내어놓았던 이석영 선생과 6형제는 세상 그 어디에서도 유례를 찾아보기 힘든, 진정한 노블레스 오블리주Noblesse Oblige의 우뚝한 표상이며 대한 독립의 초석을 다진 자랑스러운 인물들이다.

남양주시에서는 독립운동에 관한 역사문화관인 「리멤버 1910 이석영 광장(금곡동)」과 「이석영 뉴미디어도서관(화도읍)」을 건립하여 이석영 선생의 위

대한 애국정신을 기리고 있다.

난황卵黃 / 오연복

천마산 기슭 가오실[1)]은
양기 가득 찬 산실이었다
삼한갑족 후예 여섯 형제의 거룩한 맹약을 포태한
심처에서는 신밀한 거래가 이루어졌다

반값에 나누어 넘긴, 지평선을 이루던 땅의 기운으로
동포는 허기를 면했고 투사는 의지를 불태웠다
만석꾼 형제들의 구국의 결단에
천마산은 어깨를 들먹이고 반도는 벅찬 숨을 삼켰다

1910년 12월 망국의 울분을 억누르며
북풍한설을 헤쳐나간 명문가 권속 60여 명의 만주행은
지구촌 어디에서도 유례를 찾을 수 없는
위대한 거사요 대장정이었다

전 재산 40만 원[2)]은 부서진 알껍데기가 되었지만
그들의 거대자금은 난황의 탯줄이 되어서
척박한 만주 땅에 경학사, 신흥무관학교를 세워
독립운동가를 양성하며 광복의 혼을 일깨웠다

학생 3,500여 명을 길러서 독립군의 근간을 세우고
3.1운동과 독립전쟁사에 찬란한 촛불을 밝혔으니
의연한 결기는 반도를 추스렸고
숭고한 정신은 세상의 등대가 되었다

낯선 땅에서 가진 것 모두 불사르며
다섯 형제는 불귀의 혼 되고 한 형제만 남아
광복의 나라를 부통령[3]으로서 돌보았으니
이만한 노블레스 오블리주의 표상이 어디 또 있으랴

리멤버1910 이석영광장(남양주시 경춘로 946)

[난황] - 발생 중의 배아胚芽를 위한 양분으로 쓰이는 알 속의 영양물질.

1) 가오실 : 남양주시 화도읍 가곡리의 옛 지명으로 독립운동가 이석영 선생의 본가가 있던 마을.
2) 40만 원 : 1910년대의 화폐 규모로서, 현재의 가치는 2조 원이 넘을 것이라고 함.
3) 부통령 : 6형제 중 유일하게 살아서 광복을 맞이한 다섯째 이시영.
   대한민국 초대 부통령을 지냈으나, 이승만 대통령의 실정과 부패를 성토하는 〈국민에게 고한다〉라는 글을 국회에 전달하고 사임하였음.

애민의 정신 깃든 곳

조선 시대 문신으로 시인이고 저술가이며 실학자였던 다산 정약용 선생(1762~1836)은 명실공히 남양주에서 드높게 빛나는 큰 별이다.
다산 선생은 경기도 광주부 초부면 마재(馬峴 - 현재의 남양주시 조안면 능내리), 남한강과 북한강이 만나는 합수머리 지점의 마을에서 호조좌랑, 울산부사, 진주목사를 지낸 정재원의 4남 2녀 중 넷째 아들로 태어났다.
선생께서는 네 살에 천자문을 배웠고, 일곱 살 때 "바다"라는 시를 지은 것이 현존한다.

어릴 적에 천연두에 걸렸다가 명의인 이헌길의 치료를 받아 살아났는데, 훗날 이헌길이 남긴 천연두 치료 의서 〈마진기방〉을 발전시켜서 당대 홍역 치료 의서의 최고봉인 ≪마과회통≫을 집필하여 수많은 생명을 구하였다. 그런가 하면 영남 우도 병마절도사를 지내고 무인으로서 승지를 제수받은 장인 홍화보의 영향을 받아서 ≪아방비어고≫라는 병서도 지었다.

다산 선생이 태어난 해에 정조의 친부인 사도세자가 뒤주에 갇혀 죽임을 당하였는데, 운명의 큰 그림이 있었던지 훗날 다산은 정조의 총애를 얻어 규장각에서 공부하였고, 한강에 '배다리'를 만들어 정조의 효행길을 도왔으며 수원 화성 설계에 참여하여 당시로는 첨단장비이었으며 대형 기중기인 '거중기'와 활차 장치인 "녹로"를 활용하기도 하였다.

다산은 사간원과 홍문관의 요직을 거쳤으며 성균관에서 강의하고 암행어사로서 경기도 연천, 삭녕 등을 순찰하였으며 형조참의, 승정원 동부승지의 벼슬에 이르렀다.

다산은 백성들을 국가의 권위와 법으로 억누르지 않았으며 생존권을 요구하는 백성들의 항의를 귀담아듣는 애민의 관리였다.

다산연구소 박석무 이사장에 의하면, "다산은 평등하고 청렴한 공념公廉으로써 불평등하고 부패한 경제를 개혁해야 한다고 주장했다. 다산은 부자의 것을 덜어서 가난한 이들을 돌보는 손부 익빈損富益貧으로써 소득 불평등을 풀어가고자 했고, 사회경제적 약자들을 4대 궁인(홀아비, 과부, 고아, 독거노인), 노약자, 어린이, 초상을 당한 사람, 질병을 앓은 환우, 재난 피해자 등으로 분류해 사회와 국가에서 애민愛民 사상으로 그들을 배려함으로써 조선이 복지국가가 되기를 바랐다."고 한다.

14세 때 근기학파, 이른바 경세치용파經世致用派의 중심인물이면서 실학의 거두였던 성호星湖 이익李瀷의 학문을 처음 접하여 실학사상의 토대를 마련하였고 훗날 실학사상 완성의 계기가 되었다.

당시 뿌리 깊은 유교 사회와 제도에 배치되는 천주교의 유입에 대하여 극심하게 경계하였던 조정과 노론 벽파의 공세가 거세어지면서 천주교인들을 박해하였는데, 천주교인들과 가까운 남인을 와해시키기 위한 박해가 시작되어 남인의 중추였던 다산도 고초를 겪게 되었다.

을묘박해로 다산은 충청남도 홍주 금정찰방으로 좌천되며 무려 7품계나 떨어지는 수모를 겪었는데, 그러한 조치는 극성을 부리던 '충청지방 천주교세의 확산을 막는 한편, 노론 벽파 공세의 예봉을 꺾고자' 하는 정조의 속내가 담긴 것이었다.

신유박해로 다산은 경상도 장기, 전라도 강진 등지에서 18년간의 유배 생활을 했는데, 그 기간에 강진의 다산초당에서 ≪목민심서≫, ≪경세유표≫ ≪흠흠신서≫ 등의 방대한 저술을 하였다.

다산의 둘째 형 정약전도 유배지인 전라도 흑산도에서 물고기의 생태를 기록한 ≪자산어보≫라는 명저를 남겼으니 두 형제가 고난을 겪으면서도 학자로서의 지성을 발현하여 경이로운 치적을 남긴 것이다.

1818년(순조18) 음력 5월에 유배가 풀리고 승지承旨를 제수받았지만, 음력 8월에 고향으로 돌아와서 기거하던 중에 1836년 '혼인 60주년 회혼일 아침'에 마현(현, 조안면 능내리) 자택에서 별세하였다.

사후에 "정헌대부 규장각 제학"으로 추증되고 "문도文度"라는 시호가 내려졌다.

현재 남양주시 조안면 능내리에는 〈생가터〉와 〈다산 묘소〉, 〈실학박물관〉 등 「정약용 유적지」가 잘 조성되어 찾는 이들께 애민정신의 본보기가 되고 있으며 남양주시 다산중앙로82번안길에 「정약용도서관」을 건립하여 남양주시 중심도서관으로써의 역할을 하면서 다산의 사상과 학문을 연구하고 기리는 문화의 장을 열어가고 있다.

정약용 유적지(남양주시 조안면 다산로747번길 11)

【다산의 위대한 저술】

필사만 하기에도 그 세월이 벅찰 경지인데, 경집經集 232권과 문집文集 260여 권을 대부분 18년간의 강진 유배 생활의 고초를 견디며 이룩하였으니 가히 초인적인 업적이라 하겠다.

다산 선생은 사서 육경을 비롯하여 정법서正法書, 지리, 의학, 교육, 수목樹木, 의관衣冠, 악기樂器, 건축물, 어류魚類, 주거, 도구, 식기 등 다방면에 걸친 저술을 하였다.

≪모시강의≫ 12권을 시작으로 ≪시경강의보≫ 3권, ≪매씨상서평≫ 9권, ≪상서고훈≫ 6권, ≪상서지원록≫ 7권, ≪상례사전≫ 50권, ≪상례외편≫ 12권, ≪사례가식≫ 9권, ≪악서고존≫ 12권, ≪주역심전≫ 24권, ≪역학서언≫ 12권, ≪춘추고징≫ 12권, ≪논어고금주≫ 40권, ≪맹자요의≫ 9권, ≪중용자잠≫ 3권, ≪중용강의보≫ 6권, ≪대학공의≫ 3권, ≪희정당대학강론≫ 1권, ≪소학보전≫ 1권, ≪심경밀험≫ 1권 등 「경전에 관한 책 232권」과 ≪자작 시율≫ 18권, ≪잡문≫ 전편 36권과 후편 24권, ≪경세유표≫ 48권, ≪목민심서≫ 48권, ≪흠흠신서≫ 30권, ≪아방비어고≫ 30권, ≪아방강역고≫ 10권, ≪전례고≫ 2권, ≪대동수경≫ 2권, ≪소학주천≫ 3권, ≪아언각비≫ 3권, ≪마과회통≫ 12권, ≪의령≫ 1권 등 「문집 260여 권」을 포함하여 500여 권을 펴냈으니 뒷정리해 준 도우미가 있었을지라도 국사무쌍國士無雙의 위대한 성과를 남긴 것이다.

다각적으로 사회 저변의 문제점을 찾아내어 개혁 방안을 면밀하게 제시한 정약용 선생의 위대한 학문적 성과를 높이 평가하여 유네스코는 2012년, 선생의 탄생 250주년을 맞이하여 동양인 최초의 「**세계기념인물**」로 선정하였다.

별빛 초롱하고 아침이 산뜻한 명품 도시

남양주는 주산인 천마산을 비롯하여 황금산, 천겸산, 예봉산, 운길산, 문안산, 고래산, 백봉산, 송라산, 철마산, 축령산 등이 산자수려한 자태를 뽐내고 있으며 금강산 옥발봉에서 발원한 북한강물과 태백산 검룡소에서 솟아오른 남한강물이 만나 어우러진 한강 물줄기가 용틀임하는 곳이다.

시내 도회지의 아침은 산뜻하게 열리고 산골의 밤은 별빛이 초롱초롱 빛나는 청정도시요 경춘가도에는 젊음으로 새겨간 발자국이 오랜 추억을 새록새록 수놓고 사통팔달 새로 뚫린 도로들은 힘찬 도약의 기지개를 켜고 있는 명품 도시이다. 눈길 머무는 곳마다 한 폭의 그림이며 발길 닿는 곳마다 '유쾌' '상쾌' '통쾌'한 남양주시이다.

동네방네 웃음꽃 아름다운 남양주시에 이끌리어 필자는 열여섯 해 동안 천마산 기슭에 안거하고 있다. 서울 나들잇길 지척이고 두어 시간이면 동해 앞바다에 닿으며 동서남북이 한나절 품 안이다. 대형 쇼핑센터들이 이웃이고 체육문화 시설 즐기는데 아쉬움 없으며 피톤치드 흠뻑 들이키면서 산행하기 좋고 열린 마음 지닌 사람들과 열린 마당을 함께하니 이 아니 즐거울까?

물푸레나무 타령

오연복 시 / 구본철 곡 / Bar. 양진원

Bar.양진원

둠벙 물에 풍덩실 뛰어들면 푸른 하늘이 둥둥 떠다니네
징검다리 돌 틈새로 징검다리 돌 틈새로 푸르스름한 추억이 물드네
푸레푸레 쇠물푸레 밥물푸레 논물푸레 갯물푸레
푸레푸레 목간물푸레 정화물푸레 감로물푸레 치성물푸레

코뚜레 설피 도리깨 되어 논밭 사냥 풍작을 갈무리하네
피어오른 꽃숭어리 천사의 날개같이 보드랍게 에헤이 물결치네
달빛물푸레 옥정물푸레 한천물푸레 지장물푸레 춘우물푸레
별빛물푸레 납설물푸레 매우물푸레 국화물푸레 추로물푸레

종아리를 휘감는 회초리는 스승의 가르치심을 노래하네
꽃을 품은 술 한 모금 꽃을 품은 술 한 모금 여인의 속삭임 향기롭네
어이 어이 디딜방아 방아 방아 방아 방아 옥물푸레
아이 아이 물레방아 방아 방아 방아 방아 떡물푸레
푸레 푸레 푸레 푸레 물푸레나무

물푸레나무 타령

애환의 동반자 물푸레나무

해마다 4월 말~5월 중순이면 천사의 날개같이 하얀 꽃술 나풀대는 물푸레나무 꽃이 산야를 수놓는다.
나날이 푸르러지는 봄날을 축복이라도 하듯이 새하얀 꽃을 숭어리 째 피워올리는 물푸레나무는 된비알 오르다 땀에 젖은 안구를 시원스레 정화 시켜 준다. 물푸레나무는 껍질을 벗겨서 물속에 담그면 푸른 물이 우러난다고 하여 물푸레나무라 이름 붙여졌다고 하며 "그 껍질 우린 물로 눈을 씻으면 정기를 보하고 눈을 밝게 한다"라고 동의보감에서 효능을 알리고 있다.

물푸레나무는 예로부터 우리의 실생활과 매우 밀접하게 닿아있다.
매우 질기고 낭창낭창한 특성이 있어서 옛날 서당에서는 "회초리"가 되어서 훈육의 도구로 사용되었고 곡식을 탈곡하는 "도리깨"가 되었으며 각종 연장의 자루로 쓰였다.
눈 많이 내리는 외진 산간에서는 "설피"가 되어서 이동을 수월하게 해주는 고마운 역할을 하였다.

또한, 향기로운 물푸레나무 꽃술은 입 냄새를 없애주는 효능이 있다 하여 남녀가 데이트하기 전에 한 모금씩 머금은 후 애틋한 만남을 가지기도 하였다고 한다.

그런가 하면 단죄의 도구가 되어 죄인을 엄하게 다스리는 "곤장"으로 쓰였으니 우리 민족과 애환을 함께한 동반의 나무 중 첫손에 꼽아도 나무람 없을 것이다.

파주 무건리 물푸레나무(천연기념물 286호)

타령 같은 예술가곡

필자는 그 친근한 나무에 운율을 덧붙여 '타령 같은 가곡'을 엮어내었다. 필자가 엮은 〈물푸레나무 타령〉에는 민족의 애환에 얽힌 물푸레나무가 절절하게 담겨있다.

게다가 물푸레의 조합인 「물」과 「푸레」에 필자 특유의 해학을 덧대며 우리 민족 정서와 함께해온 '물 이름'을 소환하여 멋들어진 가락으로 승화시켰다. 한 걸음 더 나아가서 옛 문학적 소재로 감초처럼 등장하였던 '물레방앗간 속'의 모습도 익살스럽게 묘사해내었다.

그 대목에서의 "옥물푸레"와 "떡물푸레"는 은밀한 음양의 어울림을 희화적으로 나타내 본 것이다.

'옥'은 여리여리한 옥빛의 여인네요 '떡'은 힘찬 남정네로, 음과 양 그리고 방앗간이 한 폭의 은밀한 그림이 되어간다.

푸른 하늘과 하얀 땅의 어울림

음양의 어울림은 필자와 구본철 작곡가의 어울림으로 이어졌다. 구본철 작곡가는 카이스트 문화기술대학원장을 역임한 천문학자이자 특출한 작곡가이다.

천문天文에 밝은 석학과 지기地氣를 시로 승화시키는 필자와의 만남은 「물푸레나무 타령」을 시작으로 「첫눈」, 「부다페스트 아리랑」 등의 괄목할만한 작품으로 이어진다.

작사가의 시적 의도는 작곡가 눈에 선연하게 읽혔고 서로의 교감은 한통속인 듯 어우러졌다.

그렇게 자연스러운 교감으로 서정과 풍속을 맛깔스럽게 연출한 「물푸레나무 타령」 -

이제는 세상과 어우러지며 천사의 날개 같은 꽃숭어리로 푸르른 세상에 낭창낭창하게 안기기를 소망한다.

물푸레나무 꽃

변산반도 마실길

오연복 시 / 안정모 곡 / Sop.김순영

Sop.김순영

오가는 곳마다 절경이라네
서해의 진주 변산반도 경이로운 채석강
아름다워라, 솔섬 노을빛
고운 모래 해수욕장 오감 만족 청정갯벌
가슴마다 추억이 물드네

명경지수 부안호 오호야 천하의 비경이라네
내변산 봉래구곡
맛깔스러워라, 젓갈 백반에 백합죽
은밀한 사랑이라네 변산바람꽃
꿈 나래에 설레임 펼쳐지는 일주도로
정겨워라, 줄포 람사르 습지

(후렴)
멋있는 변산 맛있는 반도, 즐거움 넘치는
열세 폭 마실길이라네

사랑스러울 수밖에 없는 변산반도

노을빛 아름다운 변산
산길과 바닷길을 잇는 66Km
걸음걸음에 낭만이 출렁거리는 변산반도

채석강은 변산반도국립공원의 빼어난 경승지이다.

「대한민국 명승 제13호」로서 격포항의 닭이봉(鷄峰) 일대 1.5km에 달하는 층암 절벽과 바다 암반지대를 총칭하는 지명이다.

이른바 변산 8경 중의 하나인 채석범주彩石帆舟가 바로, 이곳이다.

선캄브리아대(약 46억 년 전 ~ 5억 7천만 년 전)의 화강암과 편마암이 기저층基底層을 이루고 중생대 백악기(약 1억 3600만 년 전 ~ 7천 100만 년 전)까지 퇴적한 해식단애海蝕斷崖인 수직 절벽이다.

적벽강을 아우르고 있는 채석강 일원은 변산반도에서 서해 쪽으로 가장 많이 돌출된 지역으로서 강한 파랑波浪의 영향을 받아서 형성되었다.

수 만권의 책을 켜켜이 쌓아 올린 듯 경이로운 층리層理로 발현한 해안지형의 자연미는 그 어떤 조형미로도 감히 흉내 낼 수 없는 절경을 연출한다.

게다가 파식대波蝕台, 해식애海蝕厓, 해안단구海岸段丘 및 화산암층이 빚어낸 기암 절편奇巖切片 등은 과거 화산활동 연구의 기초자료로서 가치가 높다고 한다.

천연기념물 제123호인 "부안 격포리 후박나무 군락"을 비롯하여 식생 환경도 우수한 곳이다.

그곳을 정점으로 재미와 낭만의 [변산반도 마실길]이 펼쳐진다.
새만금방조제, 변산해수욕장, 수성당과 닭이봉 봉화대, 내변산 부안호, 봉래구곡, 내소사, 부안 영상테마파크, 솔섬 낙조, 줄포 람사르습지 등 발길 닿는 곳마다 잔잔한 재미로부터 쏠쏠한 울림까지 흠씬 안겨주는 멋스러운 곳이다.

산 따라 달빛 행복 길 따라 눈빛 사랑,
오가는 곳마다 절경이라네
서해의 진주 변산반도 경이로운 채석강
아름다워라 솔섬 노을빛
고운 모래 해수욕장 오감 만족 청정갯벌,
가슴마다 추억이 물드네
–「**변산반도 마실길**」 1절 –

오가는 곳마다 눈길 행복하고 능선 비추는 달빛 사이로도 사랑이 넘실댈 것 같은 절경!
청정갯벌에는 백합이 오순도순 실룩거리고 고운 모래 위로 출렁이는 해수욕장에는 추억 한 자락이 풍덩실 뛰어드는 곳!
여운 긴 노을이 솔섬에 솔향처럼 은은한 해그림자를 드리우는 곳!
변산반도 마실길에는 마실의 오묘한 즐거움이 징검다리를 놓는다.

필자는 그 마실길의 백미白眉인 채석강에 이르러서 경외敬畏의 편린片鱗들을 끌어안으며 졸시拙詩 3수三首를 읊조려본다.

채석강에서 책 읽기 / 오연복

파도와 내가 나란히
책을 읽는다

파도는 삼억 장의 일기를 교열하고
나는 육십 쪽의 이면지에서
세월의 지문을 더듬는다

아스라이 매달린 채석의 갈피가
떨구는 낙수에
넘기는 책갈피가 은총처럼 젖어든다
나는 애끓는 설렘으로
무량의 물결을 하염없이 기웃거린다

채석강 주안상 / 오연복

그리 오시게
넘기는 책갈피마다 그대 그림자 아른거려
옛 구름 한 점 안주로 올리고
채석강 너럭바위에 대폿잔을 놓았으니
벗이여
잔 속에 달빛 깃들거든
적벽강 보듬는 이 사람의 눈빛으로 알고
마주하여 한잔하시게

채석강 / 오연복

그는 갈피를 헤아릴 수 없이 가파른 절벽이다 불의 고리가 출렁일 때마다 의상봉義湘峰 정수리에 용오름이 솟구치고 쓰나미가 밑을 씻는 변산 앞바다에 만고萬古의 눈빛을 켜켜이 쌓아 올린 세월의 장엄한 고증서考證書다 간밤에 서해 바다를 몰고 온 파도가 써 내려간 일기를 넘겨다 본다 달빛 아우라에 자맥질하는 이태백李太白은 채석의 서고에서 자유분방한 영혼 소동파蘇東坡는 적벽의 서재에서 천년을 살아가며 아련한 책장을 펼치는구나 파도는 나의 가슴팍을 때리며 하얀 포말로 뱉어내는 수천 개의 언어로 하늘

열림을 귀띔 한다 땅 갈림을 이야기 한다 천 길 낭떠러지에서 소용돌이치는 은행나무화석에 물 간지럼 태우는 바다를 증언한다 옷 걸친 사람 앞에서 화석인류의 나상裸像을 투영한다 태동의 갈피에 한 획을 긋고 삼라만상에 한 점을 찍는 그 광대무변한 가슴의 더께를 감히 누가 영사映寫하리야 생각의 굴레는 안개비를 타고서 겨우 두어 쪽의 책갈피를 들척이는데 영겁永劫의 길에서 찰나의 이십일 세기는 갈피 모를 해식동굴로 자꾸만 숨어드는구나 불현듯 현란하게 포장된 세태世態 그 허상의 껍질을 벗겨내는 긴 이안류離岸流가 철썩철썩 회초리질을 해댄다 동굴 깊은 곳에서 공명空名이 공명共鳴으로 몸부림친다 나는 그의 벽 안쪽 깊은 속살로 흘러드는 호기심에 파르르 떨리는 손끝으로 우주宇宙의 낱장을 부여잡으며 아슬아슬한 벽타기를 한다

격포 일원은 퇴적암이 침식을 받은 채석강과 적벽강의 두 해식애海蝕崖가, 각각 중국의 시선詩仙 이태백과 당송8대가인 소동파가 노닐던 채석강과 적벽강의 경치와 흡사하다 하여 이름 지어진 것이라고 한다. 수만 권의 책을 쌓아 놓은 듯한 채석강과 붉은 암벽으로 이루어진 적벽강이 독보적인 정경을 연출한다.

채석강(사진 : 부안군청 홈페이지)

멋있는 변산, 맛있는 반도

산줄기와 강줄기 따라서 짓는 대간과 정맥, 지맥의 이음새에 덧붙여서 변산을 호남정맥의 변산지맥이라 애써 부르려고 하지만, 뚝 떨어져서 우뚝한 변산의 산세는 홀로 서 있어도 귀티 나고 멋있다.
줄기에서 떨어져 있는 산이라 하여 변산邊山이라 불리었을 산!
그 산이 품고 있는 안쪽을 내변산, 바깥 해안 쪽을 외변산이라 하는데, 내변산에는 의상봉, 쌍선봉, 옥녀봉, 관음봉과 더불어서 부안호수, 울금바위, 분옥담, 선녀탕, 가마소, 와룡소 등이 있으며 직소폭포와 옥녀담을 아우르는 봉래구곡이 압권이다.

"서해랑길"의 유연한 허리 축을 이루고 있는 변산반도(외변산)에는 젓갈백반과 풀치조림, 백합죽, 뽕잎비빔밥 등 이름만 떠올려도 침샘이 확 도는 맛의 해안선이 이어진다.

명경지수 부안호 오호야 천하의 비경이라네
내변산 봉래구곡
맛깔스러워라 젓갈 백반에 백합죽,
은밀한 사랑이라네 변산바람꽃
꿈나래에 설레임 펼쳐지는 일주도로,
정겨워라 줄포 람사르 습지
– 「**변산반도 마실길**」 2절 –

변산반도는 우리나라 8경 중의 하나로 손꼽히는 곳이고 반도로서는 유일하게 1988년에 국립공원으로 지정되었다.

변산반도마실길 13코스

하얀 별꽃으로 앙증맞게 피어나는 변산바람꽃(꽃말 : 은밀한 사랑)이 수줍은 듯 속살거리고 구암리 지석묘군, 우금산성, 호벌치, 유천리 도요지, 금구원조각공원, 부안영상테마파크와 변산해수욕장 · 고사포해수욕장 · 격포해수욕장 · 모항해수욕장 등이 있다.

또한 람사르습지이자 미생물의 보고寶庫로서 서해안의 콩팥이라고 불리는 줄포갯벌생태공원이 있다.

줄포만 갯벌생태공원(사진 : 전북특별자치도 관광 안내)

노을빛이 꽃처럼 아름다운 줄포만 노을빛정원

줄포만 갯벌생태공원은 염생식물원과 노을빛정원을 품고 있는 서해안의 보고로서 귀중한 국가 자원이요, 지구촌 생명의 원천적인 보루로서 보전가치가 높은 인류자산이다.

줄포만 노을빛정원은 2023년 10월 31에 [전라북도 제2호 지방정원]으로 등록되어 대한민국 8번째 지방정원으로 이름을 올렸다.

당시 부안군수는, "줄포만 노을빛 정원의 '지방정원 등록'은 [국가정원] 추진 공약사업의 첫발이며, 앞으로 다양한 볼거리, 즐길 거리 등을 제공해 국가정원의 품격에 이르도록 노력하겠다."라면서 현재 〈생태정원과 함께하는 갯벌

치유센터 조성사업〉을 추진하고 있으며, '지방정원 운영 실적 3년'을 충족한 후 2027년 [국가정원] 등록을 신청할 예정이라고 밝혔다.

줄포만 노을빛정원은 줄포만 갯벌의 소하천을 에워 돌며 조성한 곳으로, 생태습지와 꽃길 산책로가 어우러진 자연공원이다.

정원에는 「갯벌생태정원」, 「사계절 정원」, 「바람동산」, 「수상레저 체험관」, 「미로공원」, 「화훼 단지」 등 여러 테마정원이 있으며, 특히 가을에는 10만 평에 달하는 「갈대와 억새정원」이 장관을 이루는 명소이다.

이름 그대로 줄포만 노을빛정원은 드넓은 서해를 향하여 눈에 거슬리는 생뚱한 구조물 하나 없이 탁 트이는 경관이 압권이다.

오로지 하늘거리는 갈대숲과 갯벌을 고혹하게 수놓는 칠면초 · 나문재 · 퉁퉁마디 등의 염생식물, 그리고 변산반도를 감아 돌며 서서히 내려앉는 노을빛과 관람객만이 거침없는 유영을 즐기는 곳이다.

줄포만 노을빛정원

사랑의 도보다리

오연복 시 / 이일구 곡 / Sop.임청화

Sop.임청화

푸른색 다리 위에 꽃이 피었어요, 간절한 사랑의 꽃
천륜을 갈라놓고 고향길 막아놓은 육십오 년 세월
끊어진 허리에는 애타는 그리움만 쌓여 갔었네
이젠 오갈 수 있겠지요, 경원선 타고 동해선 타고서

판문점 다리 위에 종이 울렸어요, 결연한 평화의 종
도보다리에서 굳게 맞잡은 남과 북 두 정상의 손
세상은 사랑이라 하고 한반도는 평화라 외치네
이젠 오갈 수 있겠지요, 자가용 타고 여객선 타고서

한라산에서 백두산까지 한반도에서 유라시아까지
희망으로 한마당 무지개가 뜨네, 꽃길이 열리네
도보다리 한걸음에 어얼싸 지구촌이 한달음
세계사에 우뚝 선 사나이 맹세, 천년의 빛이 되리라

희망의 무지개

제2차 세계대전 이후 분단의 아픔을 지닌 나라로 「남 · 북베트남」, 「동 · 서독일」, 「남 · 북예멘」, 그리고 「남 · 북한」」 등이 있다.
그중 아직도 분단국가로서 동족 간 총부리를 겨누며 군사 대치 상태로 남아 있는 곳은 남 · 북한이 유일하다.
남 · 북한은 전승국인 미 · 소의 상반된 이데올로기에 의하여 두 개의 정부로 수립된 이후 1950년 한국전쟁이 발발하여 대립과 갈등이 높아졌고 곧 깊은 냉전 구도가 구축되었다.
게다가 1991년의 「남북한 동시 UN 가입」은 "대한민국"과 "조선민주주의인민공화국"으로 국제법상 동등한 두 국가가 등재되면서 남북분단이 더욱 고착화하는 빌미가 되었다.

그리고 지정학적인 이해관계로 인한 강대국들의 개입, 남북 간의 정치 · 사상 · 제도적 반목 및 국가 경쟁력과 경제력의 현격한 차이 등 중첩된 과제가 통일의 발목을 붙잡고 있는 현실이다.
더 나아가서 분단 80여 년의 세월 동안 유일사상唯一思想 체제로 폐쇄적 독재정권을 이어가고 있는 북한의 경직된 실상과 함께 보수와 진보의 정권이 바뀔 때마다 정책이 엇박자를 놓으면서 일관성이 흐트러지는 남한 정부 또한 통일을 요원하게 하는 데 한몫을 하고 있다.

분단 상태에 있던 "남 · 북베트남"은 1975년 4월에 북베트남(越南民主共和國)이 무력으로 적화통일을 하여 공산국가인 〈베트남사회주의공화국 Socialist Republic of Vietnam〉이 출범하면서 난민 탈출행렬인 '보트 피플Boat people'이 줄을 이으면서 국제 문제화되기도 하였지만, 냉전으로 분단된 국가 중 최초로 통일을 이루어내었다.

예멘은 1990년 5월에 시장경제 체제의 "북예멘"과 사회주의의 "남예멘"이 평화적으로 통일을 하여 〈예멘공화국 Republic of Yemen〉이 되면서 탈냉전의 상징이 되었다.

그러나 예멘은 성급한 통일 이후, 서로 다른 체제에 따른 사회적 · 경제적 차이에 대한 문제, 통일 주체 구성원 간의 실질적 화해와 융합의 미비 등으로 내전을 겪기도 하였으며 서구식 민주주의를 표방하고는 있으나 높은 실업률, 부패한 제도, 정부의 정당성 결여 등 많은 문제점이 노출되어서 대한민국 통일 준비 과정에 반면교사의 교범이 되고 있다.

예멘이 통일된 지 5개월 뒤인 1990년 10월에는 "동 · 서독"이 평화적인 통일을 실현하여 민주적인 〈독일연방공화국 Federal Republic of Germany〉이 탄생하였다.

전후 분단 상태에서 통일을 이루어낸 국가 중 가장 감동적으로 본보기가 되는 사례는 "독일"의 경우이다.

1945년 세계 제2차 대전 종결과 함께 전승국들이었던 소련과 서방 연합군 간 이데올로기의 양대 점유물이 된 독일은 소련 점령지인 "동독(독일민주공화국)"과 미국 · 영국 · 프랑스 점령지인 "서독(독일연방공화국)"의 두 국가로 분리되었다.

소련의 지배로 동독은 공산 체제가 형성되었고 서방의 영향으로 서독은 민주적인 시장경제를 지향하였다.

공산화 저지를 위하여 세계 각국에 군사적 · 경제적 지원을 하겠다는 트루먼 독트린에 기반한 마샬플랜(유럽 부흥 계획 European Recovery Program)이 유럽에 경제 재건의 훈풍을 불러왔고 그 영향으로 자본주의 체제가 공고화되는 가운데 이데올로기가 다른 동 · 서독 두 나라는 정치, 경제, 사회적으로 삶의 질이 현격한 차이를 보이며 갈등이 고조되고 분단의 골이 깊어갔다.

그에 불안감을 느낀 소련과 동독 정부는 1961년 동 · 서베를린 사이에 장벽을 설치하여 공산화로의 고착을 꾀하며 서독과의 완전 차단을 시도하기에 이른다.

그렇지만 서독 정부는 인적 교류, 문화 교류, 우편 · 통신 교류, 내독 무역 등 1969년 취임한 "빌리 브란트 수상"의 '동서독 기본 조약' 체결을 시발점으로 자주적이고 민족 주체적인 물꼬를 터 가기 시작하였다.

서독 정부의 지속적이고 부단한 노력은 "헬무트 콜 수상(1982~1998 재임)"의 동독과의 관계 개선을 지향한 '차관 제공' 등 대규모 경제적 지원을 통한 성과가 빛을 발하여 1989년에 베를린 장벽을 허물면서 평화적인 혁명으로 약 44년 만에 통일을 이루었다.

서독 정부가 점진적이고 지속적인 문화 교류 프로그램을 실현하여 이념의 간극을 좁혔으며, 동독에 대규모 투자를 하여 사회 시스템 변화 및 인프라를 현대적으로 구축하면서 동독 주민들의 생활 수준 향상을 이끈 것이 동독을 포용하는 큰 틀이 되었다.

그러한 통일 과정은 분단의 아픔을 봉합하면서 괴리된 이념과 정체성을 극복하여 통일을 실현하는 모범사례로 국제사회의 귀감이 되고 있다.

- 위키 백과, 두산 Doopedia, 네이버 지식백과 등을 참조함. -

베를린 장벽의 붕괴(사진 : 포토뉴스)

우공이산

한국인이라면 한 번쯤은 불러보았을 「우리의 소원은 통일」이라는 노래가 있다.
일제 강점기 때부터 활동한 문예인 "안석주"가 가사를 쓰고 그의 아들 "안병원"이 곡을 붙여 1947년 삼일절 라디오 드라마 주제곡으로 탄생한 이 노래는 우리 민족에게 독립의 열망을 넘어서서 통일의 상징이 되었다.
1947년은 남북이 분단 되기 전이었고 좌우익 갈등이 심화하던 미 · 소 군정의 혼란기였다.

일제 치하에서는 벗어났지만, 외세인 미 · 소 강국의 지배하에서 완전 독립을 체감하지 못하던 때였기에 원곡은 「우리의 소원은 독립」이었다고 한다.
그러던 것이 1948년 정부가 수립되고 국토가 남과 북으로 분단이 되면서 제목과 노랫말이 "독립"에서 "통일"로 바뀌어 민족의 가슴에 통일의 염원을 불러일으키게 된 것이다.
이산가족 상봉, 통일에 관한 퍼포먼스나 스포츠 경기 등에 피날레 곡으로 등장하기도 하고 2000년 남북정상회담 당시 김대중 대통령과 북한의 김정일 국방위원장이 이 노래를 함께 불러서 통일의 기대감을 높이는 상징적인 장면으로 연출되기도 하였다.
그렇게 목청껏 "우리의 소원은 통일"을 외쳐 부른지 어언 80여 년이 되었건만, 세월은 대답 없이 무정하게도 흘러가고 있다.

2018년 3월 9일 도널드 트럼프 발 "북 · 미 정상회담" 발표 이후 3월 25일 북 · 중 정상회담, 미 국무장관의 방북 등이 이어졌고 드디어 4월 27일 대한민국 문재인 대통령과 조선인민공화국 김정은 국무위원장이 판문점 푸른 다리에서 만났다.
두 정상의 역사적인 만남은, 세계역사상 가장 긴 세월 동안 휴전 상태에서 헤어나지 못하는 약 250Km에 이르는 남북한 군사분계선 중 유일한 소통의 창구인 "판문점"에서 이루어졌다.
이 만남은 2000년 6월 김대중 대통령과 김정일 국방위원장의 「제1차 남북정상회담」, 2007년 10월 노무현 대통령과 김정일 국방위원장의 「제2차 남북정상회담」을 잇는 「제3차 남북정상회담」으로 자리매김한다.

김대중 대통령은 비행기로 평양에 닿아 남북 해빙의 역사적인 첫걸음을 떼었으며 노무현 대통령은 군사분계선을 걸어서 넘어가는 퍼포먼스를 보이며 지상으로 평양에 갔고, 문재인 대통령은 분단의 실재적인 공간인 군사분계선 상 판문점의 푸른색 도보다리에서 남북 정상 간 통일의 브로마이드를 펼쳤다.

그 브로마이드는 [한반도의 평화와 번영, 통일을 위한 판문점 선언]이라는 주제 아래 ♥한반도의 완전한 비핵화와 항구적 평화 체제 구축, ♥군사적 긴장 완화와 군사 합의 이행, ♥이산가족 상봉 재개, ♥철도 · 도로 연결 사업 착공 등을 기치로 만방에 펄럭였다.

그로부터 약 5개월 뒤인 2018년 9월에 두 정상은 백두산을 동행 등반하였으며 남북연락사무소의 개성 개소, 남북 철도 연결을 위한 공동 조사 및 착공식을 이루어내기도 하였다.

역사적인 수레바퀴는 〈2018년 5월 7일 제2차 북 · 중 정상회담〉-〈5월 23일 한 · 미 정상회담〉-〈6월 12일 싱가포르에서의 북 · 미 정상회담〉-〈2019년 2월 28일 베트남 하노이에서 제2차 북 · 미 정상회담 결렬〉-〈6월 30일 판문점 자유의 집에서 트럼프 미 대통령과 김정은 국무위원장의 정상회담 및 문재인 대통령이 가세한 한 · 미 · 북 간 삼자 정상의 회동〉 등의 궤적을 남기며 연쇄적으로 이어졌다.

하지만 판문점 정상회담에서 발표한 〈4.27 판문점 선언〉에 "정전협정체결 65년이 되는 올해에 종전을 선언한다."라고 명시했던 한반도 종전 선언에 대하여 도널드 트럼프 미국 대통령은 끝내 손을 들어주지 않았다.
전 세계의 이목을 끌면서 지구상의 마지막 냉전이 해체될 것이라는 기대감은 한껏 부풀었지만, 회동의 뒷그림자는 허탈하기만 하였다.

필자는 핑크빛 무드가 한창이던 2018년 가을에 통일의 염원을 담은 「사랑의 도보다리」라는 시를 써서 2019년 1월에 가곡으로 만들었으나, 정상회담의 맹약이 지지부진한 과정을 거치면서 퇴색되어 가는 모습에 크게 실망하여 발표에는 소극적으로 일관하였다.
그렇지만 "우리의 소원은 통일"이라는 중차대한 민족의 과업을 수수방관할 수만은 없다는 사명감으로 이제부터는 수년간의 동면을 벗겨내어 통일에 대한 열망의 속내가 세상으로 메아리치는 모습을 바라보기로 하였다.

도보다리 회담(사진 : 포토뉴스)

낙수가 반복되어 바위를 뚫고 종유석과 석순을 만든다.
소원이 반복하여 쌓이다 보면 통일의 거대한 물줄기가 되어서 분단의 장벽을 능히 허물 수 있지 않을까?
그 장벽 넘어서 시베리아를 횡단하여 유라시아까지 기세 좋은 철로를 놓아갈 수 있지 않을까?

중국 전국 시대 도가 사상가인 〈열자列子〉의 「탕문편湯問篇」에 "우공이산愚公移山"이라는 고사성어가 있다.
'어리석은 영감인 우공愚公이 산을 옮긴다.'는 뜻인데, 어떤 일이든 끊임없이 노력하면 반드시 이루어짐을 역설하는 말이다.
아예 절대 불가능할 것만 같은 설화인 우공이산의 우화寓話를 옮겨본다.

중국의 태행太行과 왕옥王屋 두 산맥은 오래전엔 북산北山을 사이에 두고 지금과는 다른 곳에 있었다.
북산에 살고 있던 우공愚公이라는 노인이 높은 산에 가로막혀 왕래하는 데 겪는 불편을 해소하고자 두 산을 옮기기로 하였다.
둘레가 700리에 달하는 큰 산맥의 흙을 삼태기에 퍼담아서 왕복하는 데 1년이 걸리는 발해만渤海灣까지 운반하는 작업을 하는 우공愚公의 모습을 보고서 친구인 지수智叟가 그만둘 것을 권유하자 우공이 말했다.

"나는 비록 늙었으나 나에게는 자식과 손자가 있고, 그들이 자자손손 대를 이어나갈 것이다. 하지만 산은 불어나지 않을 것이니, 대를 이어 일을 해나가다 보면 언젠가는 산이 깎여 평평하게 될 날이 오겠지."

산신령에게 이 말을 전해 들은 옥황상제가 두 산을 멀리 옮겨주어 노인의 뜻은 성취되었다.
1년 동안 묵묵히 산을 옮긴 우공의 노력과 믿음, 끊임없는 열정이 옥황상제를 감응시켜 도저히 불가능해 보였던 일이 이루어진 것이다.

성경에도 비슷한 비유의 일화가 등장한다.

> 예수가 한 아이에게서 마귀를 쫓아내어 간질병을 고치는 모습을 보고 제자들이 "왜 우리는 마귀를 쫓지 못했습니까?"라고 묻자, 예수는 제자들의 믿음이 부족하여 구마가 실패했음을 지적하였다.
> 예수는 "겨자씨 한 톨만 한 믿음이라도 있으면 산에게 명령하여 여기서 저기로 옮겨지라 하면 옮겨질 것이요 또 너희가 못할 것이 없으리라."라 하셨다. – 공동번역성서 마태오복음서 17장 20절.

황당하게만 보이는 우공이산의 우화는 우화에 버금가는 실존사례들로 공감대를 넓히고 있다.
불굴의 의지로 반얀나무 숲을 조성해 낸 인도네시아의 "사디만Sadiman", 풀 한 포기 자라지 않는 황사 발원지 고비사막에 푸른 숲을 조성해 내는 "이제팡易解放 부부", 바다보다 낮은 지형에 둑을 쌓아 국토를 조성하여 세계적인 부국을 일군 "네덜란드" 등 경천동지驚天動地의 초인적이고 초현실적인 일들이 일어나고 있는데, 그중 인도의 "다슈라트 만지히"의 사례를 소개한다.

> 산에서 일을 하던 "다스라트 만지히 Dashrath Manjhi"에게 임신한 아내 "팔구니 데비Falguni Devi"가 식사를 가져오던 중 미끄러져 넘어져서 크게 다쳤다.
> 그는 아내를 들쳐업고서 55km나 되는 칼바위 산 둘레를 돌아서 병원에 갔지만, 너무 늦어 아내는 숨졌고 태중의 아들만 기적처럼 살아남았다.
> 홀로 아들을 키우면서 다른 누군가는 자신 같은 아픔을 겪지 않기를 바라는 마음으로 낮에는 이웃집 농사일을 거들어 생계를 꾸리면서 새벽마다 산에 올라 망치질로 돌을 부수어 길을 내어 갔다.
> 포크레인 같은 중장비는 엄두조차 내지 못하였다.
> 그의 일가친척들과 아들은 그를 걱정하였고, 마을 사람들은 혀를 차면서도 종종 먹을 것을 가져다주고 연장 교체할 돈을 지원해 주었다고 한다.
> 그는 그렇게 22년간 쉬지 않고 돌산을 깎아내렸으며 마침내 55km를 돌아가야 하던 길 대신 15km의 넓은 길을 뚫는 데 성공해 마을 청년들이 일자리를 구해 나길 수 있게 하고 청소년들과 어린이들은 교육의 기회를 받을 수 있게 하였다.

주 정부는 그에게 포상을 내리려 했으나, 그는 오히려 자신에게 포상할 돈으로 길을 포장해 달라고 하자, 주 정부에서는 표창과 함께 해당 길을 말끔하게 포장해 주었다. 덕분에 지금은 '다스라트의 이름을 딴,' 이 길에 자동차가 다니고 그를 기념하는 '기념병원'까지 세워졌으며 2007년에 그가 세상을 떠났을 때, 비하르주 정부에서 '사회장'으로 주관했다.

이 일은 인도에서 〈만지히 : 더 마운틴 맨〉이란 제목으로 영화화되었고, MBC의 "신비한 TV 서프라이즈" 2015년 10월 18일 자에서 다루었다.

구글 맵으로 옛길을 보면, 왜 산을 깎아야 했는지 한눈에 드러날 만큼 기형적인 지형임을 알 수 있다.

위에서 보듯 우공이산은 한낱 교훈으로 그치지 않는다.

우리의 통일도 마찬가지다. 지난持難한 세월의 늪에 허우적거리고 있는 분단의 현실이 비록 얼키설키 뒤엉킨 난제에 봉착하였다 해도 분명 실마리는 풀리게 되어 있다. 몇 차례의 남북 정상 간 평화 프로세스의 교훈과 예시된 세계사의 여러 문제 풀이가 통일에 대한 해법의 경로를 제시하고 있다.

문제는 반드시 통일을 이루어내겠다는 "의지"이다.

어느덧 6.25 한국전쟁 이후 이산가족들의 수가 현저히 줄어가면서 통일에 대한 기대감과 의지가 점점 옅어져 가고 있다.

세대 갈이를 하면서 더는 미룰 수 없는 절박함이 밀려든다.

이제는 2차 세계대전 후 유일하게 남아있는 분단 장벽을 허물어 분단국가라는 오명을 떨쳐내어야 한다.

남북을 가로막고 있는 분단의 철조망이 한여름 뙤약볕에 벌겋게 달구어지면서 해마다 수은주의 빨간 기둥은 높아만 가고 무더위라는 또 다른 복병과 일전을 펼쳐야 하는 우리 장병들이 안쓰럽다.

자신의 욕심과 안위를 초월하여 오로지 민족 복원의 사명감으로 헌신하고 희생하면서 역사적 소명만을 도구로 삼아 고착화 하는 분단의 벽을 허물어낼 "우공"이 그 어느 때보다 절실하게 기다려진다.

씨름 한마당

오연복 시 / 최현석 곡 / Bar.양진원

Bar.양진원

어깨 걸고 부여잡은 허리춤
샅바 싸움에 불끈거리는 핏줄들
힘과 너름새*로 맞서는 호각지세
부둥켜안은 씨름 한마당
살과 살이 맞닿고 땀과 땀이 엉킨다

산허리를 불끈 틀어쥐고서
들어 올리나 메어치나 걸어칠까
으쌰 당겨칠까 에라 밀어칠까
뒤집기인가 되치기인가
청룡의 기세에 모래판이 들썩거린다

으라차차차 어여차차차
지구를 박차고 뽑아 올린 기세
쑤욱 뽑힌 허리 냅다 꽂히는 거구
일진광풍이 몰아치는구나
호랑이 기세에 지축이 흔들리는구나

* 너름새 : ①일(작업) 또는 행동(동작)을 멋있고 능란하게 해내는 재주
②갈고 닦은 기예技藝

시詩로 승화된 스포츠

스포츠에도 종목별로 각 종목의 노래를 보유하여 경기장마다 종목별 주제가가 울려 퍼진다면, 관계자나 선수들 그리고 그 종목을 사랑하며 응원하는 펜들의 자부심은 한층 더 커지지 않을까?
'축구장에는 축구의 주제가'가, '농구장에는 농구의 노래'가, '배드민턴장에는 셔틀콕조차 덩실덩실 춤추는 배드민턴의 노래'가!……
그 종목의, 그 종목만의, 그 종목을 위한 주제가!

영광의 첫걸음을 '씨름 노래'- [씨름 한마당]이 내디디었다.
그간 민속의 대표 종목이라는 이름을 내걸면서도 씨름판에 흥을 돋우기 위한 수단으로써 민속풍에 어울릴만한 국악과 트로트를 '섭외'하여 「차용 풍악」만을 울렸던 씨름판에, "우리 씨름에도 이제 주제곡이 생겼소!" 하며 떡하니 가슴팍을 내밀만한 명분이 생겼으니 어찌 자랑스럽지 않겠는가?
바야흐로 "씨름 한마당"이 모래판을 신명 넘치게 달구는 것을 계기 삼아 스포츠 전반에 걸쳐서 각 종목의 자존감 넘치는 주제가의 물결이 용틀임하기를 기대해 본다.

노래로 예찬 되는 『민속씨름』

씨름은 우리 고유의 민속놀이고 신바람 나는 전통 기예이다.

인류의 격투기 중에서 유일하게, ‘어깨를 맞대고 샅바를 움켜쥔 상태에서 부둥켜안으며 경기를 시작’하여 힘겨루기와 너름새(갈고 닦은 기예)를 뽐내며 승부를 내는 스포츠다.

살과 살을 맞댄 채 서로의 숨소리를 가늠하면서 상대의 빈 곳을 파고들어 일순간에 기술을 걸고 힘을 쏟아부으며 상대방의 무릎 위쪽의 신체 부위가 모래판에 먼저 닿도록 하여서 승패를 가른다.

청룡과 백호가 맞겨루면서 산을 뽑아 올릴 듯 내뿜는 기세와 능수능란한 너름새로 눈 깜짝할 새에 상대를 메치고 뒤집는 현란한 씨름판!

겨루고 나서 승자가 패자 등과 어깨의 모래를 털어내며 포옹해 주는 따뜻한 스포츠!

언쟁이나 타격이 허용되지 아니하며 예의와 상호 존중이 바탕을 이루는, 신사적이고 자랑스러운 우리의 무예이다.

그 역동적이고 재기발랄한 씨름판에, 힘차고 활기 넘치는 추임새가 으라차차차 어여차차차 어우러져서 [씨름 한마당] 가락이 펼쳐진다.

씨름은 단군조선 시대 이래로 “치우희”, “각저희”, “씰흠” 등의 명칭으로 기록된 흔적이 있으며, 약 4세기경 고구려 고분 「각저총」 주실의 벽화에도 씨름 모습이 그려진 것으로 보아 5천 년 한민족의 역사 동안 면면히 사랑받아온 것을 짐작할 수 있다.

부족국가 시대에는 풍년을 기원하거나 부족민의 화합을 도모하며 타 부족과의 경쟁에서 이겨내기 위한 전투력의 연마와 단련의 수단으로써 씨름이 행해졌다.

기록에 의하면, 주몽이 소노消奴 · 절노絕奴 · 순노順奴 · 관노灌奴 · 계루桂婁 등 다섯 부족을 병합하여 고구려를 세우기 전에 계루부의 족장으로 있었을 때, 5 부족장들 간 고추가古雛加(족장의 존칭) 시합이 치러졌었는데, “각저角抵(씨름)

· 궁사弓射(활쏘기) · 승마乘馬(말타기) · 수박手搏(택견)" 등 다섯 종목으로 겨루었다고 한다. 그러한 사례로 볼 때, 고구려 시대 이전의 부여夫餘 등지에서도 씨름이 성행했으리라고 짐작할 만하다.

고려 말기의 충혜왕이 사냥과 더불어서 씨름을 각별하게 즐겼다는 기록이 남아있고 조선 초 세종실록에 목멱산木覓山(지금의 남산)에서 씨름하였던 기록이 자주 등장하고 중기에는 명종실록, 현종실록 및 경도잡지, 동국세시기 등에 씨름이 기술되어 있으며 조선 후기 김홍도의 씨름 그림을 통해 볼 수 있듯이 조선 시대에는 씨름이 대중화되어 즐겼음을 알 수 있다.
우리 민족은 절기마다 독특한 풍습과 민속놀이가 행해졌는데, 특히 단오절(음력 5월 5일)에 씨름판이 크게 벌어졌다.

그리고 상원上元(정월 대보름날)을 비롯하여 삼짇날(음력 삼월 초사흗날) · 초파일(釋誕日:음력 사월 초여드렛날) · 백중百中(음력 칠월 보름날) · 한가위(음력 팔월 보름날) · 중양절重陽節(음력 구월 초아흐렛날) 등의 명절 및 농한기나 기념일 등에도 수시로 씨름을 즐겼다.

씨름도(고구려 고분 각저총)

민족의 제전祭典으로 웅비하는 『민속씨름』

고구려 각저총 벽화에는 상대방 왼쪽 어깨에 머리를 대고 오른쪽 어깨는 상대의 왼쪽 가슴 쪽에 밀어 넣는 형태의 씨름 장면(오늘날 샅바 씨름에서, 왼다리에 맨 샅바를 상대가 오른손으로 잡고 겨루는 형태의 장면)이 그려져 있다.
이로 미루어볼 때 고구려에서는 오른씨름이 행하여졌던 것으로 짐작된다. 고구려 외의 한반도는 지방별로 씨름 자세가 달랐는데 경기도 · 전라도에서는 고구려처럼 오른씨름이 행해지고, 함경도 · 평안도 · 황해도 · 충청도 · 강원도 · 경상도에서는 왼씨름이 성행하던 것을 〈조선씨름협회〉가 왼씨름으로 통일하여 1927년 9월에 제1회 「전조선씨름대회」를 열면서 근대씨름의 기틀이 마련되었다.

광복 이후 1947년에 〈대한씨름협회〉로 명칭을 바꾸어 제28회 전국체육대회 시범종목으로 참여하였고, 1948년 제29회 전국체육대회 정식종목으로 채택되었다.
1982년 4월에 "민속씨름위원회"가 발족하였다가 1983년 9월에 대한씨름협회로 통합되었다. 그 뒤 1990년 9월에 "사단법인 한국민속씨름협회"로 분리 독립되었다가 1996년부터 "사단법인 한국씨름연맹"으로 명칭이 변경되어 오늘에 이르고 있다.
해외지부는 1984년 9월에 재미주在美洲 서부지부와 동부지부를, 다음 해 12월에는 재브라질지부와 재서독지부, 1988년 12월에 재아르헨티나지부, 1998년 4월에 재중국 연변조선족자치주지부를 승인하였다.

1998년 현재 〈대한씨름협회〉가 개최하고 있는 주요 대회로는 광복 전의 "전조선씨름선수권대회"의 후신인 「전국씨름선수권대회」, 「대통령기 전국장사씨름대회」, 「회장기 전국장사씨름대회」, 「전국 시 · 도 대항 장사씨름대회」, 「서울특별시장기 전국장사씨름대회」 등을 비롯하여 1989년부터 「대통령배 전국씨름왕선발대회」가, 1996년부터 「교보생명배 전국어린이장사씨름대회」가 매년 열리고 있다.

– 출처 : 한국민속문화대백과사전 –

민속씨름은 1983년 출범하여 장충체육관에서 제1회 「천하장사씨름대회」를 개최하면서 우리나라 제2호 프로스포츠로 발족하여서 씨름의 중흥을 도모하였다.

백두급에서 3이李(이준희,이봉걸,이만기)가 인기의 견인차가 되었고 각 체급에도 군웅이 할거하는 전성기를 이루었다.

그러나 1997년 IMF 위기를 맞으면서 민속씨름도 쇠락의 길을 걸으며 프로팀들이 해체되었다가 2012년에 이르러서 "씨름 진흥법"이 법제화되면서 씨름의 날(음력 5월 5일 : 단오절)을 제정하였다.

2017년 5월에는 씨름의 정통성과 상징성을 부각하기 위하여 다시 명칭을 '대한씨름협회'로 변경하였고 씨름이 국가무형문화재(제131호)로 지정되었다.

2018년 유네스코 인류무형문화유산(남북 공동)으로 지정되면서 민속씨름은 전환점을 맞는다.

대한씨름협회는 「2016 추석장사씨름대회」와 「2016 천하장사씨름대축제」를 씨름의 성지였던 서울 장충체육관에서 개최하였고, 씨름 팬들의 향수를 일으킬 수 있는 다양한 이벤트와 효과적인 마케팅을 펼치면서 성공적인 대회를 치렀다.

그뿐 아니라 2016년 씨름진흥 TF팀을 운영하여 대한씨름협회의 새로운 CI와 캐릭터를 개발하였고, 씨름 디자인 개선 사업을 통해 장사복 · 심판복 등을 개선하여 새로운 씨름의 모습을 선보였다.
그리고 좀 더 세분되고, 조직적인 운영을 위해 민속씨름위원회, 여자씨름위원회, 스포츠공정위원회 등을 설치하였다.

2022년 기준, 지방자치단체 산하에 19곳의 남자 실업씨름단과 6곳의 여자 실업씨름단이 조성되어 「설날장사대회」를 시작으로 「단오장사대회」, 「추석장사대회」 등의 명절대회와 6곳의 「지역장사대회」 및 「천하장사대회」 등이 펼쳐지고 있다.

한편, KBS2TV에서 화려한 기술과 스피드를 내세운 〈태백에서 금강까지 - 씨름의 희열〉(2019년 11월 30일 ~ 2020년 2월 21일)이라는 스포츠 예능을 방영하면서 힘에만 의존하였던 중량급 중심의 씨름에서 벗어나서 기술씨름의 진수를 선보이며 재미있는 씨름을 예시하였다.
문화체육관광부는 2023년 1월 "K-씨름 진흥 방안"을 제시하면서 최근 침체기를 겪어 온 씨름을 K-스포츠의 대표 브랜드로 키우겠노라며 "씨름 부활 프로젝트"를 발표했다.

여기에는 최경량급인 '소백급' 신설안도 포함됐다.
선수들의 체격이 우량화하면서 등한시됐던 기술씨름의 부활을 위한 발걸음이다.
힘과 너름새가 절묘하게 어우러지는 새롭고 재미나는 씨름이 기대되는 대목이다.

여기에는 최경량급인 '소백급' 신설안도 포함됐다.
선수들의 체격이 우량화하면서 등한시됐던 기술씨름의 부활을 위한 발걸음이다.

힘과 너름새가 절묘하게 어우러지는 새롭고 재미나는 씨름이 기대되는 대목이다.

박진감 넘치는 민속씨름(필자 사진)

씨름은 몸 전체의 근육을 사용하며 순발력, 근력, 정신력, 지구력, 체력 등 다양한 요소가 필요한데, 예기치 않았던 상황에서 진기명기의 응용 동작으로 상대를 제압할 때 관객은 재미와 카타르시스를 느끼게 된다.

대한씨름협회는 씨름의 기술을 크게 손기술 · 다리기술 · 허리기술 및 발기술 · 들기술 · 혼합기술 등으로 분류하면서 세부적으로 55수의 씨름 기술을 정립(2004년)한 바 있다.

[씨름 한마당]은 필자의 시에 「대한민국 창작오페라 르네상스」를 열어가면서 활발하게 활동하고 있는 최현석 작곡가가 곡을 붙였다.

그는 가곡 “떨이”로 제1회 ‘CBS 대한민국 창작가곡제 대상’을 거머쥐면서 서정 일변도로 흐르는 가곡 계에 풍자와 해학이라는 화두를 다시금 점화시켰다.

한국 최초의 가곡으로 알려진 홍난파의 “봉선화(1926년 발표)”가 발표된 이후로 서정성 짙은 가곡이 주류를 이루어왔는데, 한국전쟁의 와중에 양명문 시인의 풍자시 〈명태〉를 변훈 작곡가가 곡을 붙여 세상에 내놓아서 파란을 일으킨 이래, 반세기만의 일이었다.

최현석 작곡가는 필자의 풍자시 「이쑤시개」, 「소 한 마리 키워 주세요」 등에도 독창적인 선율을 그려 넣어서 해학 넘치는 가곡을 엮어냈다.

가곡 [씨름 한마당]은 Bar.양진원이 중후하면서도 박진감 넘치는 목소리로, 용쟁호투의 씨름 한판을 생생하게 중계하듯이 멋들어지고 맛깔스럽게 노래한다.

한반도

오연복 시 / 최현석 곡 / Bar.양진원

Bar.양진원
한반도

태양은 독도에서 떠올라 동해로 용솟음치네
금강산 일만이천 봉을 찬란히 어루만지고
민족의 숨결 서린 지리산을 보듬어가네
수려한 삼천리 얼싸안고 한반도 아침을 노래하노라

서해를 수호하는 백령도 푸른 기상 늠름하다
금수강산 물결치는 노을빛도 아름다워라
파랑 섬 이어도는 우리 땅을 이어가네
백두산 한라산 얼싸안고 무궁한 영광을 노래하노라

(후렴)
독도는 한반도 땅 마라도와 비단섬도 한반도의 영토
이 땅의 정기서린 노래, 온 세상에 울리리라 울려 퍼지리라

근역강산맹호기상도槿域江山猛虎氣像圖

영역 주권

대한민국 헌법 제3조에 "대한민국의 영토는 한반도와 그 부속도서로 한다"고 명시되어 있다. 즉, 중국 · 러시아와 국경을 이루는 압록강과 두만강 이남의 육지와 동해 · 서해 · 남해에 퍼져있는 한반도의 약 4천 개에 달하는 크고 작은 섬을 아울러서 대한민국의 영토로 천명한 것이다.

무릇 하나의 국가란 '사회 · 정치 · 경제 · 문화적으로 합일된 사람들의 집단'이다.

우리 민족은 한반도를 바탕으로 하여 오천 년의 역사를 이어왔다.

수많은 외침과 전란, 분열과 이합집산을 거치면서도 한반도를 꿋꿋하게 지켜내고 한반도에서 생사고락을 함께하고 있다.

그 합일된 민족의 얼굴에는 한민족이라는 당당한 표상이 서려 있다.

한반도는 한민족의 젖줄이요 터전이며 길이길이 지켜가야 할 무궁한 영광의 땅이다.

한반도가 주축이 되어 부속 도서를 아우르는 우리의 영토는, 실질적인 지배를 통하여 가시적이며 배타적이고 독점적인 영토 주권領土主權을 면면히 이어오면서 대외에 표방하고 있다.

타 국가와의 관계에서, 한 국가로서의 범주를 표방함에는 독립된 주권主權에 의한 독자적이고 실효적 지배권으로서의 "영역 領域"이 담보된다.

영역은 국가의 엄연한 주권을 획정하며 국민의 생활을 보장받는 동시에 외세로부터 보호받는 절대 권역으로서 영토, 영해, 영공을 망라한다.

우리나라의 영해는 1977년 영해법이 제정되면서 확정되었다.

이 법에 따르면 우리나라의 영해는 기본적으로 "기선"을 사용하는데, 동해 · 서해 · 남해가 서로 다른 방식의 영해를 규정하고 있어서 유의해야 한다. 동해의 경우 "통상기선"을 사용하여 영해를 측정하는데, 썰물 때의 바다와 육지의 경계선을 기준으로 삼고 거기에서부터 바다 쪽으로 12해리만큼의 영역을 영해로 한다.

반면, 서해와 남해는 '해안선에서 가장 멀리 떨어져 있는 섬들을 직선으로 연결'한 후, 그 선에서 12해리만큼의 영역을 영해로 한다.

이를 "직선기선"이라 하는데, 서해와 남해에서 동해와는 달리 직선기선을 사용하는 것은 해안선이 복잡하고 섬이 많아서 통상기선을 적용하게 되면 '영해 밖에도 우리의 섬이 존재하는 경우가 발생할 수 있기 때문'이다.

특별히 대한해협은 다른 곳과 달리 "3해리"만 적용하여 영해를 정하고 있는데, 이는 거리가 좁은 대한해협에 12해리를 적용하게 되면 일본의 영해와 겹치는 문제가 발생하기 때문이다.

영해가 국제적인 분쟁 요소로 대두되는 것은 바다가 품고 있는 막대한 자원 때문이다.

인류의 무궁무진한 식량자원인 수많은 어패류와 해조류는 물론이며 석유와 천연가스 등 에너지자원으로 인한 경제 유발효과가 막대하기 때문이다. 한반도 최동단의 소중한 우리 영토인 독도에 대하여 일본이 무도한 침략의 혀를 날름대는 것에는 독도 어장의 풍부한 어족자원과 더불어 괄목할 만한 미래 연료로서 '불타는 얼음'이라 일컬어지며 석유의 대체자원으로 주목받는 "메탄 하이드레이트Methane Hydrate"의 매장 가능성이 큰 것도 간과할 수 없는 또 다른 요인일 것이다.

누구도 넘볼 수 없는 대한민국의 영토 [독도]

독도는 그 어느 세력도 넘볼 수 없는 한반도 고유의 영토이며 엄연한 대한민국의 땅이다.

대한민국 정부에서는 독도에 대한 기본 입장으로 **【독도는 역사적 · 지리적 · 국제법적으로 명백한 우리 고유의 영토이다. 독도에 대한 영유권 분쟁은 존재하지 않으며, 독도는 외교 교섭이나 사법적 해결의 대상이 될 수 없다.】** 라고 천명하고 있다.

이는 독도를 자기네 땅이라면서 역사를 왜곡하고 자국민에게 망령된 허상을 심어가고 있는 일본의 터무니 없는 시도에 준엄하고 당당하게 대응하는 태도이다.

쉼 없이 대드는 그들의 삿된 망상 따위는 일고의 가치도 없으며 어떠한 시도도 분쟁의 교섭이나 사법적 깜냥조차 될 수 없다는 주권국의 의연한 모습이다.

사실 독도가 대한민국 영토임이 역사적 사료로서 명백하게 뒷받침되는데도 일본은 호시탐탐 침탈의 야욕을 부리고 있지만, 정작 일본의 옛 교과서와 고지도마저도 독도가 대한민국 영토라는 확증을 속속 드러내고 있다.

독도 연표(외교부)

▶ 독도가 우리 영토라는 확증 ◀

512년 우산국 복속 여부 질문(일본 돗토리 번 답변)

일본 막부는 울릉도 영유권에 대해 알아보기 위하여 돗토리 번(지금의 돗토리 현)에, 독도가 울릉도의 소속인지 질문(12월 24일)을 하였다.
이에 대해 돗토리 번이 막부에 다케시마(울릉도)와 마쓰시마(독도)가 돗토리 번의 소속이 아니라고 답변(12월 25일)함에 따라 막부는 울릉도와 독도가 일본령이 아님을 공식적으로 확인하였다.

1454년 『세종실록』「지리지」

울릉도와 독도가 강원도 울진현에 속한 두 섬이라고 기록하였다.

특히 "우산(독도), 무릉(울릉도)…두 섬은 서로 멀리 떨어져 있지 않아 날씨가 맑으면 바라볼 수 있다."라고 기록하고 있는데, 울릉도에서 맑은 날 육안으로 보이는 섬은 독도가 유일하다.

1625년 다케시마(竹島, 울릉도) 도해(渡海) 면허

일본 막부가 돗토리 번(지금의 돗토리현)에 사는 오야大谷와 무라카와村川 양가에 다케시마(竹島, 울릉도) 도해渡海를 면허하였는데 그 시기는 1618년, 또는 1625년이라고 한다.

1693년 안용복(安龍福) 일본 납치

안용복安龍福, 박어둔朴於屯 두 사람이 울릉도에서 어업을 하다가 울릉도에 온 일본 오야 · 무라카와大谷 · 村川 양가의 선원들에게 잡혀서 일본으로 끌려간 사건이 발생하였다.
이 사건으로 인해 조선과 일본 간의 울릉도 영유권에 대한 분쟁(울릉도 쟁계)이 유발되었다.

1694년 울릉도 수토제도 시행 결정

안용복 사건으로 인해 일본과 울릉도 영유권에 대한 분쟁(울릉도 쟁계)이 발생하자, 조선 정부는 삼척첨사 장한상張漢相을 울릉도에 파견하여 울릉도의 현황을 조사하도록 하였다.
그 이후 영의정 남구만의 건의에 따라 2년 걸러 한 번씩 관원을 울릉도에 파견하여 수토를 결정하였다. 〈※수토 : 무엇을 알아내거나 찾기 위해서 조사하거나 살핌.〉

1695년 일본 돗토리 번 답변

막부는 울릉도 영유권에 대해 알아보기 위해 돗토리 번에 울릉도의 소속을 질문(12월 24일)하자 이에 대해 돗토리 번이 막부에 다케시마(울릉도)와 마쓰시마(독도)가 돗토리번의 소속이 아니라고 답변(12월 25일)함에 따라 일본 막부는 울릉도와 독도가 일본령이 아님을 공식적으로 확인했다.

1696년 1월. 다케시마(울릉도) 도해금지령

일본 막부는 돗토리 번을 통해 울릉도와 독도가 일본령이 아님을 확인하고 다케시마(울릉도) 도해금지령(1696년 1월 28일)을 내렸다. 이후 조선과의 외교문서를 통해 울릉도가 조선령임을 공식 확인하였다(1699년).

1696년 5월. 안용복(安龍福) 일본 도해

안용복安龍福이 울릉도에 어업 온 일본 어선을 추격하여 독도(자산도)에서 쫓아버리고, 일본에까지 다녀온 사건이다.
이때 안용복이 오키섬 관리에게 울릉도와 독도가 조선령이라고 진술한 기록이 「원록9 병자년조선주착안일권지각서」에 실려 있다.

1770년 『동국문헌비고』 「여지고」

국왕 영조의 명에 의해 조선의 문물제도를 기록한 관찬서.
이 책에는 "우산도(독도)와 울릉도…… 두 섬으로 하나가 바로 우산이다. 「여지지」에 이르기를, 울릉과 우산은 모두 우산국의 땅인데, 우산은 일본이 말하는 송도松島다."라고 적었다.

1870년 일 외무성 『조선국교제시말내탐서』

1870년 외무성 관리 사다 하쿠보(佐田白茅) 등이 조선을 시찰한 후 외무성에 제출한 보고서.
이 보고서에는 "다케시마(울릉도)와 마쓰시마(독도)가 조선 부속이 된 사정"이 언급되어 있어, 당시 일본 외무성이 두 섬을 조선 영토로 인식했다는 것을 알 수 있다.

1877년 「태정관(太政官) 지령」

1877년 3월 일본 최고 행정기구인 태정관이 내무성에 울릉도와 독도가 일본령이 아니라고 내린 지령인데, 태정관은 17세기 에도 막부와 조선 정부 간 교섭(울릉도 쟁계) 결과 울릉도와 독도가 일본 소속이 아님이 확인되었다고 판단하고, "다케시마(울릉도) 외 일도一嶋(독도)의 건에 대해 본방本邦(일본)과는 관계가 없음을 명심할 것"이라는 지시를 내무성에 내렸다.

1900년 칙령(勅令) 제41호 반포

고종 황제는 칙령으로 '울릉도鬱陵島를 울도鬱島로 개칭하고 도감島監을 군수郡守로 개정한 건'을 제정 반포하였다.
칙령 제2조에 울도군鬱島郡의 관할구역으로 '울릉전도鬱陵全島, 죽도竹島와 함께 석도石島(독도)'를 규정하여 독도가 울도군의 관할임을 명확히 하였다.

1905년 시마네현고시(島根縣告示) 제40호

일본의 독도 영토편입을 알리는 지방 고시이다.
일본은 1904년 이래 만주와 한반도에 대한 이권을 두고 러시아와 전쟁 과정에서 동해에서의 해전을 위한 군사적 필요성에 의해 「**1905년 독도를 무주지라 주장하면서 영토편입을 시도하고 시마네현에 고시하였다.**」
그러나 시마네현 고시 제40호는 일본의 우리나라 국권에 대한 단계적 침탈과정의 일환이었으며, 우리나라가 오랜 기간에 걸쳐 확고히 확립하여 온 독도 영유권을 침해한 **불법행위이므로 국제법적 효력이 없는 것이다.**

1906년 3월. 울도군수 심흥택 보고서

울도군수 심흥택이 울릉도를 방문한 일본 시마네현 관민 조사단으로부터 일본이 독도를 영토 편입했다는 소식을 듣고, 다음 날 강원도 관찰사와 내부內部(현재의 행정안전부에 해당)에 보고한 문서.

이 보고서에는 "본군 소속 독도"라고 하여 독도가 울도군의 관할임을 분명히 하였다.

1906년 5월. 의정부 참정대신 지령 제3호

대한제국 최고의 행정 기구인 의정부에서 일본의 독도 영토 편입을 부인하는 지령.

의정부는 강원도 관찰사로부터 일본이 독도를 영토 편입했다는 보고를 접하고, 일본의 독도 편입을 부인하는 참정대신(지금의 부총리격)의 지령을 내렸다.

1946년 1월 29일. 연합국최고사령관 각서(SCAPIN) 제677호

2차 세계대전 종전 후 일본의 통치 행정 범위에서 독도를 제외시킨 각서. 연합국 최고사령관은 일본의 영역에서 "울릉도, 리앙쿠르 암초(독도)와 제주도는 제외된다."라고 규정하여 독도가 대한민국의 영토임을 인정하였다.

1946년 6월 22일. 연합국최고사령관 각서(SCAPIN) 제1033호

연합국 최고사령관이 SCAPIN 제677호에 이어 일본의 선박이나 국민이 독도 또는 독도 주변 12해리 이내에 접근하는 것에 대하여 각서로서 금지하였다.

1951년 샌프란시스코 강화조약 체결

샌프란시스코 강화조약은 제2차 세계대전을 종결하면서 연합국과 일본이 체결한 조약이다.

이 조약 제2조(a)에서 "일본은 한국의 독립을 인정하고 제주도, 거문도 및 울릉도를 포함한 한국에 대한 모든 권리, 권원 및 청구권을 포기한다."라고 규정함.

이에서 제주도, 거문도, 울릉도는 한국의 3천여 개의 도서 가운데 주요 섬의 예시에 불과하며, 독도를 직접 명시하지 않았다고 하여 독도가 한국의 영토에 포함되지 않는다고 볼 수 없다.

▶ 일본 역사가 증명하는 「독도는 대한민국 영토!」◀

일본 정부가 1800년대에 발간한 교과서와 일본의 고지도에 독도가 대한민국의 영토로 기록된 사실이 밝혀졌다.

QR-code 스캔하면 동영상이 재생됨

독도는 한국 땅 / 일본의 옛 교과서와 고지도 영상

▼ 일본 문부성 1886년 검정교과서 "**일본사요**日本史要"는 소학 · 고등과 학생에게 일본의 건국체제를 비롯한 정치의 흥망성쇠, 풍속, 외국과 교통 등을 가르치면서 대마도, 오키나와 등 주변 군도를 모두 자국 영토라고 주장했으나 독도에 대한 언급은 나타나지 않는다.

▼ 오카무라 마쓰타로 편찬의 "**신찬지지**新撰地誌1887 2권"에 수록된 일본총

도에는 일본 외 주변 섬을 가로줄로 표기하였는데, 울릉도와 독도도 그와 같이 표시하여 조선 땅임을 나타내고 있다.

▼ 일본 문부성文部省이 1905년 발행한 "**소학지리용신지도**小學地理用新地圖" 맨 앞면에 실린 대일본제국전도는 류큐의 부속 섬은 물론 1894년부터 식민화한 대만, 일본 북부의 시마千島 열도까지 꼼꼼히 일본의 영토로 표시하고 있으나, 독도는 포함 시키지 않으면서 조선 영토임을 인정하고 있다.

▼ 1888년 아오키 쓰네사부로가 지어 학생용 지도책으로 간행 출판된 "**분방상밀**分邦詳密 **일본지도**日本地圖"는 당시 일본 전국을 상세하게 지역별로 구분한 지도인데, 오키섬까지만 영토로 표시하였다.

「독립기념관」은 일본 사료로 발굴된 책을 종합 분석한 결과, 일본은 1905년 러·일 전쟁기에 독도를 강점하기 전까지 독도의 존재를 몰랐으며 일본 정부(문부성)에서 출판한 교과서에서도 독도에 대한 영토 의식이 전혀 없었음을 확인할 수 있었다고 밝혔다.
그리고 "1900년 대한제국 칙령 41호를 통해 이미 대한제국의 영토로 확인한 독도를 일본이 한국 강점에 앞서 1905년에 강탈했던 역사적 맥락이 더욱 확연하게 드러났다."라고 설명했다.

지켜내 이어가야 할 한반도 영역

바다는 조업권操業權과 전 세계 교역 및 물류 수송의 각축장이다. 배타적 경제수역 획정을 통한 어획량 할당 등 바다 식량 확보가 걸린 조업권 보장으로 첨예하게 맞서는 곳이며 해상을 통한 운송은 육상이나 항공운송보다 다양한 화물을 대량으로 수송할 수 있고, 상대적으로 저렴한 비용으로 멀리까지 운반할 수 있기 때문이다. 그렇기에 세계 각국은 조금이라도 더 넓은 영해를 확보하기 위해 각축을 벌인다.

중국은 해양 영유권 확보를 위해 난사군도에 인공섬을 조성하고 있고, 일본은 남태평양의 침대만 한 작은 암초를 섬으로 주장하기도 하니 기상천외한 땅따먹기 경쟁이 점입가경이다.

우리 영토 최남단 마라도에서 남서쪽으로 149km(80 해리, 93 마일) 떨어진 곳에 이어도離於島/Socotra Rock가 있다.

중국의 무인도이자 바위섬인 퉁타오(童島)에서는 245km(132 해리, 152 마일), 유인도인 위산다(余山島)에서는 287km(155 해리, 178 마일)나 떨어져 있다. 그리고 일본 나가사키현 고토시에 있는 도리시마(肥前鳥島) 암초에서는 276km(148 해리, 171 마일) 거리의 먼 해상에 위치 한다.

한 · 중 · 일 3국 중 우리 영토에서 월등히 가까운 위치이고 대한민국 해저 〈제4광구〉로서 "종합해양과학기지"를 설치하였으며 우리나라가 실효 지배하고 있는데, 이어도 해역을 놓고 중국과 '배타적경제수역(EEZ)'을 둘러싼 분쟁이 있다.

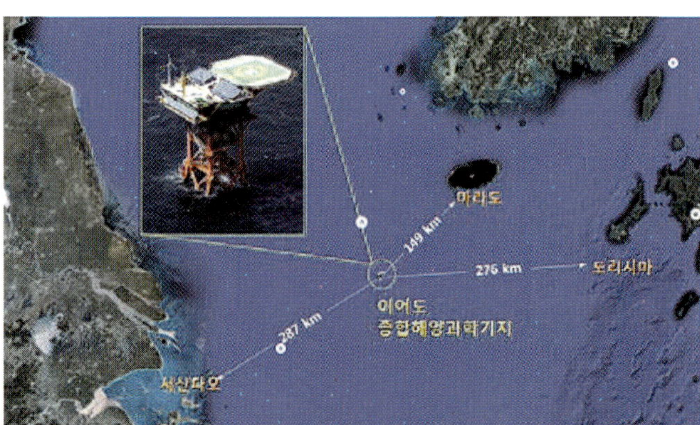

이어도 종합해양과학기지

이어도는 약 1만 1,000여 년 전 빙하기에는 제주도와 연결된 육지였는데, 간빙기가 되면서 바닷물 높이가 상승하여 해저 대륙붕이 된 곳이다.
제주도에서는 이어도를 "이상향"으로 동경하는 설화가 전해지고 있는데 1984년 제주대학교에서 부근 해역을 탐사한 뒤 이 암초를 "파랑도"라고 명명하면서, 이상향의 이어도와 결부시키는 계기가 되었다.

해양 영유권을 확보하기 위하여 첨예한 대립과 각축장이 된 '이어도는 대한민국이 실효 지배하고 있는 엄연한 우리 땅'이며 한반도 최동단 독도 못지않은 우리 해양 활로의 전진기지이다.

그리고 이제는 마냥 이상향의 땅으로만 머물도록 방관할 수 없는 한반도의 주요 거점이다.
이어도는 한 · 중 · 일 3국이 만나는 해역으로 경제적, 전략적 가치가 매우 높은 지역이다.
이어도 주변의 해역은 '**뜨거운 감자인 7광구**'를 포함하고 있으며, 7광구는 3억 배럴의 석유, 70억 톤의 천연가스, 230여 종의 해저 자원의 매장이 추산되는 곳으로 그 미래가치는 상상할 수 없을 정도이다.
게다가 그 관할 범위는 한반도의 몇십 배가 넘는 엄청난 면적으로 민족의 미래를 기름지게 보장할 천혜의 보고寶庫이다.

1980년부터 한 · 일 양국이 공동으로 탐사하고 시추를 시작했는데 1986년 일본이 경제성이 없다는 이유를 들면서 일방적으로 개발 중단을 선언했지만, 이는 국제법이 바뀌면서 일본이 해당 사업을 독점하기 위한 꼼수라는 분석이 우세하다.

공동개발을 시작한 후 공교롭게도 1982년 UN 국제해양법이 새로 채택되면서 '200해리 배타적 경제수역(EEZ)'이란 개념이 처음 도입되었으며 해당 법에 따를 경우, 7광구의 90%는 일본 귀속이 가능해진 입장이다.

공동개발 협정의 만료 시점은 2028년 6월 22일이며 종료 3년 이전일인 2025년 6월 22일부터 7광구 한일공동개발협정의 연장 여부를 상대국에 통보할 수 있다.

그런데, 1974년 1월 30일 한 · 일 양국은 서울에서 맺은 〈대한민국과 일본 간의 양국에 인접한 대륙붕 남부 구역 공동개발에 관한 협정(공동개발 협정)〉에 서명하면서 "**탐사와 시추는 반드시 양국이 공동으로 수행해야 한다**"는 조항을 명시하였다. 우리나라는 원천적인 이 조항을 결코 간과하거나 쉽사리 포기해서는 아니 된다.

명분을 확고히 하는데 한치의 소홀함이 없어야 하고 정부에서는 이어도가 우리 땅임을 세계만방에 끊임없이 표방하면서 확고한 주권을 확립해야 할 것이며 우리 국민의 역사의식에도 이어도는 우리 영토로서 해양주권의 최남단임을 뚜렷이 각인해야 할 것이다.

한반도 최서단 비단섬

삼면이 바다인 한반도의 최서단은 함경북도 용천군 마안도의 서단 동경 124도 10분 47초에 자리한 "비단섬緋緞島"이다.
압록강 하구의 삼각주로, 압록강 토사물의 퇴적 범위가 늘어나면서 1958년 신도지구 개간 사업을 하여 마안도 · 양도 · 말도 · 축도 · 사자도 · 구영도 등의 섬이 제방으로 연결되면서 북한에서 가장 큰 섬이 되었으며 비단섬이라고 이름 붙여졌다.
2007년 이후 신의주 특구 개발 계획과 연계해 비단섬 개발 논의가 진행되고 있다고 한다.
중국 단둥시와 불과 1km 거리에 있는데 1964년 김일성과 저우언라이(周恩來) 간의 "조 · 중 변계조약朝中邊界條約"으로 북한과 중국 간 국경선이 그어져 한반도 땅임이 천명되었다.
역사적으로도 청나라 사람들이 신도薪島에 무단 침입하였다가 문제가 되자, 청나라가 "신도는 조선 영토임을 인정"한 기록이 조선왕조실록에 남아있다.

영공은 영토와 영해의 공중空中으로써 영토와 영해를 수직으로 하늘에 부양시킨 만큼을 범위로 하며 통상 대기권까지 영향을 미친다.
영공 또한 경제적으로 이익을 창출하는데, 영공을 통과하는 외국의 항공기가 항행 통과 시 안전을 담보하고 항공교통관제 및 통신시설 사용에 대한 대가로 영공 통과료를 부과하는 것이다.
'영역적 불가침성territorial integrity'에 기반한 영토, 영해, 영공은 국가 존립의 근간으로서 국민의 평안한 생활 터전이자 경제적인 측면에서도 중요한 의의를 지닌다.

태양은
우리 땅 독도에서 장엄하게 솟아올라
삼천리 금수강산을 포근하게 보듬어가다가
노을빛 찬연하게 일렁이는 서해에
한반도의 노래를 띄운다
독도 · 비단섬 · 마라도
파랑 섬 이어도가 어깨동무한다

겨레여
우리 얼싸안고
한반도의 아침을 노래하자
지구촌 구석구석
한류의 메아리가 울려 퍼지는
한민족의 찬란한 융성기를 맞이하여
한반도의 무궁한 영광을 목청껏 노래 부르자

— 겨레와 어깨동무하는 오연복 —

한복의 노래韓服頌 Hanbok Song

오연복 시 / 최현석 곡 / Bar.양진원

BAR.양진원

BAR.이승환

김성천(낭송)

한반도 오천 년을 소매 깃에 담았네
고조선 부여국이 솔기를 여미었나
삼한과 가락국 고구려를 품은 저고리
백제의 우아미 신라 조형미 아름다워라

삼천리 방방곡곡 백의민족 옷자락
한겨레 한 핏줄을 감싸 안았다네
은은한 비취색으로 고려 얼굴 빛나고
조선의 옷섶에는 백결의 물결 일렁이네

옷깃마다 한민족의 기품이 서렸네
덩실 더덩실 춤사위 아름다워라
겨레의 옷이 덩실거리네 겨레의 얼이 덩실거리네
옷자락 타고 사뿐사뿐 오천 년이 흐르네 오천 년이 흐르네
옷자락 타고 사뿐사뿐 오천 년이 흐르네

자랑스러운 우리 민족의 옷 - 한복韓服

인류에게 가장 먼저 필요한 것은 먹거리고 두 번째는 입을 거리이다. 그리고 주거의 해결은 그다음의 과제일 것이다.
먹어야 살고 먹어야 힘쓰며 노래도 부르고, 걸치고 입어야 추위나 더위로부터 보호받으며 돌출되는 위해로부터 방어하고 나아가서 원초적인 부끄러움을 이겨내며 맵시도 뽐낼 수 있지 않겠는가?
타인에게 자신의 영역을 공표하고 더 안전한 보호 공간 확보를 위한 주거의 마련은 세 번째의 해결책일 것이다.

인류의 원초적인 입을 거리는 바람막이, 햇빛 막이, 눈비 막이었을 것이고 더위나 추위, 위해물로부터의 보호막이었을 것이다.
나아가서 영역을 확보하고 무리를 지어 살아가면서 여러 부족이 발생하고 지배계급이 형성되면서 부족 간, 계층 간을 구별 짓는 표식으로서 통일감 있는 무리 복식(단체복)이 나타나게 된 것은 자연스러운 현상일 것이다.
그러한 과정을 거치면서 부족에 따라 가장 적절하고 잘 어울리는 입을 거리가 대두되었고 그것을 발전시키면서 고유의 복장이 되어갔으리라.
시대가 바뀌고 나라의 이름에 변천이 있을지라도 그 민족만의 고유한 격에 맞고 특유의 짓에 어울리는 옷은 면면히 이어진다.
아울러서 그 나라 그 민족에 걸맞은 체취와 얼이 이어져서 담긴다.

아시아의 전통의상을 둘러보면 중국의 고유 의상으로 한푸(汉服)와 치파오(旗袍)가 있고 일본에는 기모노(きもの), 베트남에는 아오자이(aodai)가 있다.

인도 · 방글라데시 · 네팔에는 사리(sari)가 있고 몽골은 델(deel), 태국은 쑤타이(ชุดไทย), 미얀마는 론지(longi), 아랍 · 쿠르드는 케피예(كوفية), 유대 · 이스라엘의 탈릿(טַלִּית), 이슬람의 히잡(Ḥijāb) · 차도르(chadah) · 부르카(burqa) 등이 있다.

[나무위키를 참조함]

각 나라와 민족별로 전통의 의상이 있으며 각각의 의상들은 시대와 역사의 변천에 따라 개량되면서 발전해 왔다.
나라나 민족을 불문하고 의복의 퓨전(fusion)은 필요불가결한 역사적 융합이요, 시대적 변천의 산물로 자리매김한다.
우리나라의 고유 의상인 한복의 원류는 스키타이계 북방 민족의 복식에서 기원한다는 설이 유력하다.
그렇지만 우리의 한복은 일찌감치 우리 영역의 풍토와 민족의 체질에 걸맞은 복식문화로 발달하면서 주변 국가들을 선도하는 역할을 하였다.
한국민족문화대백과사전에 등재된 다음의 내용을 미루어보면 한복의 위상을 알 수 있다.

> …… 그 예 중의 하나가 우리의 유(襦;저고리)와 고(袴;바지)를 서기전 4세기경에 중국의 조(趙)나라 무령왕(武靈王)이 융복(戎服)으로 채용하였다.
> 후한대(後漢代)에 고습(袴褶)이라고 불렸으며, 위진(魏晉) 이후 천자(天子), 백관의 융복과 사인(士人) · 서민복으로, 당대(唐代)에는 삭망(朔望) 때 조회복(朝會服)으로도 입혀졌다.
>
> 일본에서는 한국인이 집단으로 이주할 때 입고 간 우리 옷 유(襦;저고리) · 고(袴;바지) · 상(裳;치마) · 포(袍;두루마기)를 계속 입었으며, 그 땅의 원주민에게도 전했음을 하니와(埴輪)로 알 수 있다. ……

중국의 한복 공정 시도의 이면에는 그들의 켕기는 자존심이 도사리고 있다.
그것은 중국의 의복인 "치파오(旗袍)"를 중국을 대표하는 복식으로 내세울 명분이 약하다는 데 있다.
한때 중국 전통문화에 대한 재평가의 흐름에 따라 중국 본토 사람들은 치파오에 주목하였으며 1984년 중화인민공화국은 치파오를 여성 외교관의 예복으로 지정하기도 했었다.
원래 중국 모든 시대 복식을 대표하고자 했던 "한푸(汉服)"라는 말은 그저 한漢나라 시대의 복식으로 의미축소가 되어있고, 현재 중국 전통의상으로 널리 알려진 "치파오"는 만주족으로부터 정복당하여 지배받던 청나라 전통 복장에서 비롯되었다.

그것은 한족으로 대표되는 중국의 정통성이나 대표성에 중대한 흠결이 되는 것이다.
그러한 자각이 밑바탕에 깔리고 시진핑 체제 이후 전통문화 복원 사업이 거세지면서 치파오보다는 한족의 전통의상인 한푸가 점점 떠오르는 추세이며, 중화인민공화국 국가 차원에서 전폭적으로 밀어주고 있다고 한다.
문제는, 중국의 동북공정에 따른 영향으로 한족들이 "한푸(汉服)"하면 어이없게도 "한복韓服"을 가장 먼저 떠올리는 상황이 야기되고 있다는 것이다.
즉 "한푸(汉服)"와 "한복韓服"의 중국식 발음이 동일함을 교묘히 활용하면서 우리 한복을 자기네 문화의 일부라 주장하는 가당찮은 획책을 하는 것이다.
이는 "김치는 쓰촨(四川) 파오차이(泡菜)의 짝퉁"이라며 우리 문화에 대한 예속화를 시도함에 이어서 우리의 고유 한복마저 자기들 문화로 흡수하려는 기묘한 속임수 전략이라고 할 수밖에 없는, 가당찮은 도발인 것이다.

옷자락 타고 사뿐사뿐 흐른 오천 년

한복은 저고리와 치마, 바지로 구성되어 있다.
우리의 한복은 몸에 착 달라붙지 않는 넉넉한 품과 아름다운 곡선이 물 흐르듯 맵시 있게 드리워지는 것이 특징이다.
중국의 한푸나 일본의 기모노 등과 달리 상의와 하의가 따로 분리되어 탁월한 활동성 및 기능성도 지니고 있다.

민족의 국조國祖인 단군왕검의 고조선 이래 우리 한복이 형성되고 발전하여 온 자취를 간략하게 더듬어 본다.

선사 시대와 고조선

선사 시대에서는 마른풀, 나무거죽이나 짐승의 가죽 등의 획득물을 덧대 걸쳐 입었을 것으로 추정된다.
고조선에서는 실을 사용한 의복을 갖춰 입으면서 우리 한복의 역사가 시작되었을 것이라는 견해가 일반적이다.

고구려의 한복

고구려의 고분 벽화를 통해 알 수 있듯이 저고리, 두루마기, 바지, 치마의 형태가 나타났으며 길고 좁은 저고리와 넓은 바지통, 주름치마나 색동치마, 허리띠 등을 착용하여 기능적인 활동성을 높였다.

백제의 한복

여러 나라와 활발한 문화 교류를 하면서 화려한 귀족적 미의식과 여성스러운 우아미가 돋보였다.

고구려 무용총 수렵도

가락국(가야)의 한복

백제와 신라의 한복과 유사한 듯하나 더 소박하고 한편으로는 더 섬세한 면이 있다.

신라의 한복

세공술이 발달하였던 신라에서는 의복에도 소매가 넓은 포의布衣 형태의 상의에 화려한 장식으로 치장하였고 통일신라 시대에는 장식이 수가 놓인 반비半臂와 배자褙子가 유행하였다.

고려의 한복

백저포白紵布라 불리는 모시를 소재로 한 평상복을 입었고 여성들은 노란색의 치마를 주로 입었으며 한때 몽골의 간섭 아래 몽골식 의상이 유행하기도 하였다.

어깨 부분을 강조하는 특징이 있었고 옷 주름을 잡아주는 장식끈이 사용되었다.

조선의 한복

계층 간 엄격한 규제가 있었지만, 다양한 디자인과 폭넓은 스타일을 추구하면서 근현대 한복에 적잖은 영향을 끼치었다.

조선 초기로부터 약 200년 동안은 저고리가 매우 긴 형태의 옷을 입었으나, 병자호란 이후로 저고리 길이가 짧아졌으며 장식으로 노리개를 착용하였다. 또한, 짧아진 저고리로 인한 노출을 가리기 위해 여성들은 가슴가리개를 사용하기 시작했다.

16세기 이후로 남자들은 사폭 바지를 입음으로써 익숙한 우리 한복의 태를 지니게 되었다.

현대의 한복

서구의 영향으로 대량생산에 의한 서양 의상이 저변을 차지하면서 한복의 형태와 스타일에도 변화가 일어났다.

소량의 주문 생산에 의존하던 한복의 수요는 점차 줄어들게 되었으며 명절옷, 잔치옷, 의례 복식이나 모델용 옷, 촬영용 의복 등으로 한정적인 명맥을 유지하게 되면서 한복의 개량 발전의 필요성이 요구되기에 이르렀다.

근래에는 그에 부응하여 생활 한복이나 우리 한복의 특성을 잘 살려낸 퓨전 한복이 다양하게 제작되고 있고 꾸준한 수요가 있다.

〔한국민속대백과사전, 나무위키 등 참조함〕

설빔, 그 포근한 언어로 덩실거리던 한복

모자란 듯하고 허기진 듯하여야 그리움과 바람이 커가는 것 같다.
일제 강점기에서 벗어나고 한국전쟁을 치르면서 헐벗고 굶주리던 시절 - 설날이나 추석 명절을 달포 즈음이나 앞서서 어린 손가락을 하루하루 애태워 꼽아가던 때가 있었다.
꼬르륵거리던 뱃속에서는 고깃국이, 땟국에 절어서 해진 옷 대신에는 색동저고리가 아른거리던 명절날! - 설빔은 최고의 희망이었고 가슴 벅찬 선물이었다.

또래 친구들은 자치기, 팽이치기, 고무줄놀이, 말뚝박기, 술래잡기 등으로 어울리면서 체온을 나누던 정겨운 시절이었다.
고운 한복으로 설빔을 차려입고서 마실길을 나설 때면 괜스레 어깨춤이 덩실거렸다.
그 고왔던 한복은 추억 한 자락을 오색 빛으로 물들여서 기억의 색채를 한층 강렬하게 남겨 주고 있다.
그렇듯 정겨웠던 한복은 저렴한 서양 옷이 넘쳐나면서 인기가 시들해지고 생산이 줄어들었다.

그렇지만 우리 것, 우리 문화를 소중히 여기고 지켜가려는 우리 민족성은 우리의 한복을 수수방관만 하지 않았다.
과거의 유산으로만 묻어두지 않고 전통과 현대를 관통하면서 첨단의 미래를 지향하고 있다.
다양한 소재를 적용한 개량한복이 창출되고, 타 의류의 장점을 접목하면서 한층 아름답고 세련된 한복으로 거듭나고 있다.

최근에는 한류가 지구촌의 대세로 자리 잡으면서 K-한복에 대한 인기도 높아지고 있다.
한 예로, 걸 그룹 블랙핑크가 2024년에 현대적 해석이 가미된 퓨전 한복을 입고 뮤직비디오를 촬영한 〈How you like that?〉이 유튜브에 공개된 지 24시간 만에 8,360만 뷰를 달성하면서 유튜브 기네스북에 올랐고, 영국 오피셜 싱글 차트에도 20위권에 진입하는 기염을 토하였다.

그에 따라서 이 뮤직비디오가 세계의 이목을 집중시키고 있으며, 더불어서 한복의 아름다움에 대한 찬사가 봇물을 터트리고 있다.
블랙핑크가 착용한 한복은 크롭티(배꼽티)를 연상케 하는 짧은 저고리와 시스루 소재 및 컬러풀한 색상 등 기존 한복 이미지에 요즈음의 트랜드를 가미한 퓨전 한복이다.
멤버들이 각기 다른 콘셉트를 적용하여서, 봉황문 인문보印紋褓를 부착하거나 조끼 · 저고리에 화려한 문양을 넣기도 하고 어깨나 가슴께에 노리개 장식을 얹기도 하였다.

또 겉옷에 배자褙子를 걸치거나 조선 시대 무관의 군복인 철릭綴翼을 덧입는 등 고전적인 한복의 특성을 최대한 살리면서 현대적인 멋을 기깔나게 연출하였다.
그러한 시도는 곡선을 모태로 한 한복의 특성이 바탕을 이루고 있기에 가능한 일이다.
우리 한복의 우아한 곡선은 기교와 변모도 물 흐르듯 자연스럽게 이끌어서 특출한 맵시를 연출할 수 있게 한다.

지구촌을 사로잡고 있는 K-Culture에는 K-pop, K-drama, K-food 등과 아울러 곡선 미학의 결정체인 한복의 유전자가 함께 꿈틀거리고 있다.
글로벌 스타들이 한복 퍼포먼스를 하면서 전 세계 패션계에 비상한 관심을 끌고 있는 한복의 옷자락에는 우리 민족의 격조 높고 멋스러운 유전자가 면면히 깃들어 온 결과다.

바야흐로 한복이 자랑스러운 K-hanbok으로서 세계 패션의 아이콘으로 화려하게 자리매김할 때가 다가온 듯하다.

한복의 노래 **韓服頌** Hanbok Song

한반도 오천 년을 소매 깃에 담았네
고조선 부여국이 솔기를 여미었나
삼한과 가락국 고구려를 품은 저고리
백제의 우아미 신라 조형미 아름다워라
– 「**한복의 노래**」 1절 –

「**블랙핑크** 〈How you like that?〉」 유튜브 중에서

"한복의 노래韓服頌Hanbok Song"는 오천 년의 유구한 역사 속에 면면히 이어져 온 우리 민족의 얼과 우리 옷 한복의 정통성을 온 누리에 표방하고자 하는 노래이다.

고조선 이래 한반도를 중심 터전 삼아서 살아온 우리 민족은 비록 나라가 침탈의 수모를 당하거나 분열과 통일을 거듭하면서 수 차례 국호가 나뉘거나 바뀌기는 하였지만, 부침의 역사 속에서도 민족 정통성만큼은 올곧게 지켜온 것에 큰 자부심을 지닌다.

우리 옷 한복은 옷자락마다 역사와 시대의 훈향薰香이 고스란히 담겨있는 멋진 유산이다. 노랫말 중, 〈소매 깃〉은 옷감의 해짐이나 추위 따위를 막기 위해 옷소매의 끝에 둘러서 덧대는 천을 이르는 말로써 유장한 세월의 부침에 맞선 민족의 정기가 스며있는 한복의 단면을 은유적으로 그려낸 것이다.

〈솔기〉는 한자어로 봉합선縫合線이라 하고 옷이나 이부자리 따위를 지을 때 두 장의 천을 실로 꿰매어 이어 놓은 부분을 뜻하는데 우리 민족이지만, 국호가 다른 나라와 나라를 잇대어 한뿌리임을 상기시키면서 면면히 이어져 왔음과 또 이어질 것을 중의적으로 표현한 것이다.

삼천리 방방곡곡 백의민족 옷자락
한겨레 한 핏줄을 감싸 안았다네
은은한 비취색으로 고려 얼굴 빛나고
조선의 옷섶에는 백결의 물결 일렁이네
– 「**한복의 노래**」 2절 –

우리 한복은 곡선과 곡선이 잇닿고 서로 맞물려서 또 다른 곡선으로 일렁이는 아름다운 선線의 극치이다.

민족을 감싸안은 옷자락은 움직일 때마다 곡선의 춤사위가 들썩이고 옷섶 따라 백의민족의 정기가 일렁인다.

그래서 우리 민족은 정갈하게 옷자락을 부여잡고 다소곳이 옷섶을 여미지 않았겠는가?

위 노랫말 중 "백결의 물결"은 굽이굽이 일렁이는 흰 물결을 뜻한다.

옷깃마다 한민족의 기품이 서렸네
덩실 더덩실 춤사위 아름다워라
겨레의 옷이 덩실거리네 겨레의 얼이 덩실거리네
옷자락 타고 사뿐사뿐 오천 년이 흐르네 오천년이 흐르네
옷자락 타고 사뿐사뿐 오천 년이 흐르네
- 「**한복의 노래**」 3절 -

우리 민족은 우리에 걸맞은 옷을 입어 왔고 우리만의 맵시를 가꾸면서 발전시켰다.
품이 넓고 유려한 곡선으로 매무새를 차려온 우리 옷 한복은, 팔을 치켰다 내리기만 해도 그 자체로 덩실거리는 춤사위가 펼쳐진다.
우리의 역사와 세월은 그렇게 한복과 함께 사뿐사뿐 흘러왔으며 앞으로도 유장한 세월을 맵시 고운 곡선의 유희로 즐길 것이다.
2025년을 오방색의 물결로 엮어가면서 - 덩실덩실 사뿐거리는 즐거움으로 자랑스러운 우리 한복의 노래를 힘차게 불러보자!

제2부 / 첫 눈

구월의 묵상
당신이 그리울 때
사랑의 사계절
상고대
시인의 아내
애련의 능소화
지성이면 감천
첫눈
향일암
행복한 결혼

구월의 묵상

오연복 시 / 이종록 곡 / Sop.양 지

SOP. 양 지

물억새 하늘거리는
그 언덕에는
쑥부쟁이, 비수리꽃 흐드러지겠네

메밀꽃 파도치는
그 들녘에서
코스모스, 꽃무릇은 별을 세리라

앙증맞은 초석잠에 웅크린
내 눈가에는
별꽃 머금은 산사 열매 방싯거린다

별꽃 머금은 산사 열매

그러데이션 캔버스, 구월!

구월은 익어가는 달이다.
굳이 채우려 하지 않아도 들어차는 달이다.
하늘은 스스로 높아가고 바람은 풍만의 배냇짓을 준비하는 달!
열매들은 옹글어가고 알뿌리 탱글탱글 여물어 가는 달!
바다는 만선의 깃발 나부끼고 산야는 형형색색 옷 갈이를 하는 달!
가을볕에 고추잠자리 춤추고 저녁 찬바람에 귀뚜라미 노래하는 달!
홀로 있어도 절로 남몰래 홍이 익어가는 달!
구월은 그런 달이다.

장마와 폭염, 태풍을 이겨낸 세월은 구월에 다다라서 시월의 풍성한 수확을 갈망하는 다듬질을 한다. 들녘에는 오곡백과와 고구마나 땅콩 등 덩굴 뿌리 작물이 무르익어가고, 항만에는 전어, 조기, 오징어 등 구월의 해산물이 넘쳐난다. 산골짝과 기슭으로는 오미자, 다래, 으름 등의 산 과실이 튼실하고 밀버섯, 뽕나무버섯, 송이버섯, 능이버섯 등 야생 버섯과 산야초가 손짓한다. 풀벌레 소리 정겹고 참새, 들새, 산새 노래에 시름이 풀리는 달이다. 국화, 꽃무릇, 코스모스 등 구월의 꽃은 정갈하게 피어 흐드러지게 물결친다. 나날이 가을 매무새로 덧칠되는 산비탈은, 시나브로 그러데이션 캔버스 gradation canvas를 펼친다.

물억새 하늘거리는
그 언덕에는
쑥부쟁이, 비수리꽃 흐드러지겠네
– 「**구월의 묵상**」 1절 –

구월의 바람은 탄산수처럼 청량하다.
필자의 고향에 심장처럼 자리 잡고 있던 "대포大浦" 윗 물고랑에서는 갈바람 간지럼에 물억새가 너울너울 은빛 물결을 일으키곤 하였다.
왕솔나무 언덕에서는 보랏빛 쑥부쟁이 향연이 펼쳐지고 벌거스름한 개간지 모퉁이에는 비수리꽃이 흐드러지게 피었다.

메밀꽃 파도치는
그 들녘에서
코스모스, 꽃무릇은 별을 세리라
–「**구월의 묵상**」2절 –

돌산 개간지에서 피어오른 메밀꽃은 하얀 파도로 일렁거리고 십리골을 가로질러 온 코스모스는 신작로 따라 낭창낭창한 꽃길을 펼쳤다.
하늘 향해 꽃술을 밀어 올리던 꽃무릇은 밤이면 별 하나에 꽃술 하나 포개가며 카시오페아 별자리를 찾아가곤 하였다.

앙증맞은 초석잠에 웅크린
내 눈가에는
별꽃 머금은 산사 열매 방싯거린다
–「**구월의 묵상**」3절 –

누에를 닮아서 땅누에라고 부르던 초석잠 뿌리는 오동통 올록 잘록한 모습이 마냥 귀여웠고 연분홍색으로 무리 지어서 피는 조그만 꽃은 하냥 앙증맞았다.
농바우등 산골에 피어나던 산사나무 열매는 구슬만 한 붉은 과실 끝에 별꽃을 아로새겼는데, 주렁주렁 매달린 열매들이 별 무리를 이루며 방싯거린다.
구월이면 달려 가고 픈 고향!

그 언덕, 그 길가, 그 고샅이 그리워서 노랫말을 썼는데, 듣고 들을수록 옛 시절이 다시 그리워지는 것은 어쩔 수 없는 향수병일까?

구월의 핑크몰리(김경례 작)

구월, 그 언저리의 묵상

구월이 오면 새삼스레 "구월"을 돌이켜보게 된다.
참으로 쾌적하고 정감 넘치는 달인 데도 마치 아홉수에 걸린 것처럼 숫자를 의식하게 되는 예사롭지 않은 달!
예로부터 "시월"은 햇곡식을 신에게 드리기 가장 좋은 달이라 하여 「상달」이라고 하였다.
오곡이 무르익은 황금 들녘과 수확의 기쁨으로 가득 찬 곳간, 가는 곳마다 풍년가가 울려 퍼지는 달! - 물론 음력 시월의 호사스러운 이름이었지만, 지구 온난화로 계절의 경계가 무너지면서 양력 시월도 못지않은 이름값을 누리는 중이다.

열이라는 숫자답게 꽉 채운 포만감과 풍성함을 갖춘 시월!

그에 비하여 시월의 결실을 갈무리하며 막바지 투혼을 불사른 구월은 그저 조력자일 뿐인가?

그 구월의 볼멘 사정을 달래보기 위하여 잠시 침잠沈潛의 시간을 가져보기로 하였다.

여전히 내 고향 구월의 노래는 서정抒情의 나루터에 배를 띄우는데, 한편으로는 묵상의 나래에 젖어 든다.

어설픈 오지랖일지라도, 평소에 알 듯 모를 듯하였던 구월의 얼개 몇 가닥을 들춰보기로 한다.

"구월"의 기온은 6월과 비슷하거나 조금 낮은 수준으로, 밤이 되면 시원한 초가을 날씨지만 낮 동안은 더운 여름 날씨가 이어진다.

근래에는 이상고온과 지구 온난화의 영향으로 상당한 고온을 기록하기도 한다.

그렇기에 가을에 접어들었음에도 늦여름, 여름의 끝자락이라는 생각에 머물게 하기도 한다.

하지만 기승을 부리던 낮 더위도 백로白露를 전후하여 서서히 누그러진다.

사실 구월의 날씨는 이상 고온이나 이상 저온이 나타나더라도 기온의 편차가 적기 때문에 1년 중 가장 평온하고 서서히 기온이 하강하면서 극단적인 날씨 변화가 없는 편이다.

지역적인 특성으로는, 오호츠크해 기단의 영향으로 동풍이 잦아서 영동지방은 시원한데 수도권은 더울 때가 많다.

그리고 남쪽일수록 비가 많이 오는 경향이 있다.

"구월" 은 이슬이 내리기 시작하는 백로(9월 7~8일경), 낮과 밤의 길이가 같아지는 추분(9월 23일경) 등의 절기가 있고, 민족의 큰 명절인 추석이 자주 들어서는 달이다.

특히 윤달이 없는 해이거나 8월 이후에 윤달이 낄 때는 반드시 구월 추석이 된다.

백로의 시기로부터는 장마가 걷히고 하늘이 높아지면서 쾌청한 날씨가 이어지지만, 간혹

태풍이 밀려와서 여문 곡식을 넘어뜨리거나 해일 등의 피해를 주기도 한다.
이 시기에는 여름 농사를 끝내고 잠시 일손을 내려놓으며 농한기를 즐기기도 한다.
추분 무렵에 가을걷이가 본격화하는데 시절 음식으로 버섯요리가 꼽히며 호박고지, 고구마 순이나 산채 등의 묵나물을 준비하는 시기이기도 하다.
수도권 기준으로 구월 스무날 전후에는 여름이 끝나고 본격적으로 가을이 시작된다.

장마와 무더위, 폭우를 견뎌낸 구월은 인내와 성실, 지혜와 감사의 언어로 축복받았으며, 그러한 대접은 구월의 상징물에도 고스란히 드러난다.
구월의 탄생화로는「아스타, 물망초, 나팔꽃」등이 있다.
아스타aster는 국화과의 다년생 식물로 별처럼 생긴 꽃을 피운다고 하여 헬라어로 "별"이며 영어로는 "aster"라고 한다.
흰색 아스타는 "순수함과 무죄", 분홍색 아스타는 "사랑과 감사", 자주색 아스타는 "지혜와 우아함"을 상징한다고 하며 꽃말은 "인내"라고 한다.

물망초는 "사랑, 신앙, 지혜와 색상"을 상징하며 여러 전설 속에 등장하는 꽃이다.
삶에서 잊지 말아야 할 것들을 상기시키는 강렬한 꽃 이름을 지녔다. – "Forget Me not!"
나팔꽃은 아침이면 깔때기 모양의 꽃이 열렸다가 저녁때에 오므려 닫는 덩굴식물이라고 하여 "Morning glory"로 불린다.
하루 만에 피었다가 시들기에 "허무한 사랑", 다른 식물이나 물체를 감아 오르는 덩굴식물이라서 "결속", 아침에 활짝 피어서 즐거움을 준다고 "기쁜 소식", 싱그러운 색상을 띄는 데서 "풋풋함"이라는 꽃말을 얻었다.

탄생화와 더불어 구월의 탄생목으로는 지혜의 상징인「올리브 나무」, 비범함의 대명사「개암나무」, 정열을 뜻하는「호두나무」등이 있다.

꽃과 나무에 이어서 인간의 호기심과 과시욕을 자극하는 지표가 되는 것 중의 하나가 보석인데, 구월의 보석으로 자리매김한「사파이어」가 있다.
구월의 탄생석인 사파이어는 진실과 정직, 성실을 상징하는 보석으로 가을 하늘을 연상시키는 맑고 푸른색이 대표성을 지닌다.
투명하고 푸르른 빛의 매력으로 오랫동안 '하늘을 상징하는 보석'으로 여겨졌다.
사파이어는 커런덤Corundum이라고 불리는 강옥鋼玉의 일종이다.
강옥 중에서 붉은색을 "루비"라 하고, 그 외에는 색상에 구분하지 않고 "사파이어"라 부른다.
사파이어는 루비보다 함유물이 적고 투명도가 높은 것이 특징이다.
불순물이 전혀 섞이지 않은 사파이어는 무색, 투명하다.

사파이어는 오랫동안 '신성성을 가진 보석'으로 알려졌으며, 자애로움과 진실의 상징으로 여겨졌다.
그렇기에 사파이어는 특유의 깨끗하고 고결한 이미지를 갖췄으며 교회의 상징물처럼 쓰이기도 했다.
사람들은 사파이어를 지니고 있으면 악을 쫓을 수 있다고 믿었다.
인도 캐시미어 지방에서 산출되는 "블루사파이어Blue Sapphire"는 '콘플라워Corn flower'라고도 불리며, 가장 아름다운 사파이어로 유명하다.

구월의 영문 모를 영문 이름

현대 세계표준달력은 「그레고리력Gregorian Calendar」이다. 1년의 길이를 365.2425일로 정하는 역법 체계로서 윤년閏年을 포함하는 양력이다.
그레고리력의 제정 이전에 널리 쓰이던 율리우스력은 '325년의 춘분'인 3월 21일을 기준으로 하는데, 세월이 지나면서 실제 태양 회귀년 보다 약 열흘가량 늦어지는 오차가 발생하자 교황 "그레고리 13세"가 1582년에 '윤년 삽입 방식'을 손질한 새로운 달력을 반포하였는데, 반포자의 이름을 붙여서 그레고리력이라 하였다.
실제로 달력을 수정 제작한 사람은 예수회 수도사제인 "크리스토프 클라비우스(1538~1612)"라고 한다.

현재 우리가 쓰고 있는 달력에서 '달 별로 지칭하는 영어식 이름'이 있어서 흥미롭다. 각 달의 영어 명칭은 고대 그리스, 로마 시대의 신화와 역사적 인물의 이름으로부터 유래되었는데 '1월~8월'까지는 신화와 역사적인 인물들로 달 명칭이 부여되었지만, '구월'부터는 인물명이 사용되지 않았다고 한다.
구월을 상징하는 명칭은 숫자 7에서 유래하였다고 한다.

고대 로마의 율리우스력에서는 1년의 첫 달을 3월로 하였는데, 현재의 구월은 그 시대의 7번째 달에 해당하였기 때문에 라틴어로 숫자 7을 뜻하는 'septem'에서 따온 「septemember」가 되었다고 한다.

일설에 의하면 7월July을 로마 제국의 시조인 율리우스Julius Caesar, 8월August을 로마 제국 초대 황제인 아우구스투스Augustus로 칭한 전례를 따라서 9월을 로마 제국 2대 황제인 티베리우스Tiberius로 하자는 주장이 있었지만, 당사자인 티베리우스가 "황제가 열두 명을 넘어설 때는 어쩌려고?"라고 일갈해 흐지부지되었다고 한다.

"구월" - 그대는 턱밑까지 차오르는 희생으로, 황금빛보다 잔잔한 아름다움으로 별빛을 아우른다. 그대의 자리에는 고대 로마 3대 황제인 티베리우스가 양보한 희생이 고즈넉이 앉아 있다. 그대는 세월의 강 위에 나팔꽃을 띄우고, 올리브 나무를 심으며 푸르른 사파이어를 세공하는 연륜의 장인匠人이다.

몇 줄기 구월의 자취를 쫓았지만, 구월은 여전히 구월스럽다.

구월의 옆 모습이 눈빛에 담기기 시작한다. 가슴에 익힐 뒷모습이 새삼, 발걸음을 붙잡는다. 고향은, 개펄에 머무는 노을처럼 긴 여운으로 그리운 그림자를 드리우는데, 구월은 아직 익지 않은 홍시를 내놓는다. 여무는 세월에 걸터앉은 구월이 가을빛을 어루만진다. 콧대 날렵한 얼굴로, 드높은 하늘에 하늘하늘 코스모스를 띄운다.

당신이 그리울 때

오연복 시 / 강창식 곡 / Sop.김지현

Sop.김지현

당신이 그리울 때 별님이라 했는데
오뉴월 초록에 당신의 눈빛 새기면
우리 사랑 푸르러질까, 푸르러질까

당신이 그리울 때 달빛이라 했는데
칠팔월 햇살에 당신의 가슴 새기면
우리 사랑 뜨거워질까, 뜨거워질까

당신이 그리울 때 코스모스라 했는데
구시월 들꽃에 살가운 추억 새기면
우리 사랑 영원해질까, 영원해질까

당신이 그리울 때

"그리움만 쌓이네"라는 아름다운 발라드ballade가 연심戀心을 사로잡던 시대가 있었다.
추억의 모퉁이길 돌담에 한층 한층 쌓이는 그리움이 잔잔하게 심금을 울릴 때, 청중은 박수를 쳤고 손바닥에는 또 다른 그리움이 흥건히 젖었다.
1979년에 애절한 시가 노래가 되어 오늘날까지 층층이 그림자를 쌓아가는 가사 한 자락을 옮겨본다.

다정했던 사람이여 나를 잊었나
벌써 나를 잊어버렸나
그리움만 남겨놓고 나를 잊었나
벌써 나를 잊어버렸나
그대 지금 그 누구를 사랑하는가
굳은 약속 변해버렸나

– 중략 –

아 나는 몰랐네
그대 마음 변할 줄 난 정말 몰랐었네

– 중략 –

아 나는 몰랐네 그대 마음 변할 줄
난 정말 몰랐었네
오 나 너 하나만을 믿고 살았네
그대만을 믿었네
네가 보고파서 나는 어쩌나
그리움만 쌓이네

※ 여진(본명: 남궁은영) 작사 작곡 / 노영심 가수가 리메이크하여 크게 히트한 대중가요임.

변심이 불러일으키는 것은 분노와 질투가 일반적일 것이다.
하지만 배반의 정보다는 더 깊은 연민이 타래를 엮어가는 "그리움만 쌓이네"-라는 되뇌임 끝에, 그 지순한 마음이 악보에 일렁이며 그 숭고한 사랑은 노래로 울려 퍼질 수도 있으리라.
이 노래는 대중의 많은 사랑을 받으며 1990년대 후반을 주름잡았으며, 꾸준한 호응이 이어지면서 드라마 OST나 Thema-Music으로 재해석 되었고 주현미, 조영남, 윤민수 등이 독창적인 음색을 입혀갔다.
2020년에는 미스터 트롯 Top1.인 가요계의 히어로 임영웅이 "사랑의 콜센타"에서 애절하고도 중후한 음색으로 중장년의 그리움을 소환하였다.
그만큼 "그리움"은 개인의 애틋함이 깃들기도 하려니와 그 잔영殘影이 사회적인 현상으로까지 번져가기도 한다.

TV CHOSUN **사랑의 콜센터** [그리움만 쌓이네]

얼비치기에 더 가없는 그리움

문헌상으로나 문학 및 교양서 등 사회 전반에서 다뤄지는 어휘 중에 "그리움"이라는 말 만큼 지순한 그림자를 드리우는 말이 있을까?
사랑이 은밀한 문설주라면 그리움은 두근거리는 사립문이다.

사랑은 은밀한 문설주
그리움은 두근거리는 사립문
나는 성깃한 틈새를 틈타며
괜스레 댓돌 위 신발만 가지런히 놓는다

– 「**틈새** / 오연복」 전문 –

안경 너머 콩깍지가 그리움이던가
그리움 건너 사랑이 물안경이었던가
얼비치기에 더 가없는 미련이여

– 「**그리움** / 오연복」 전문 –

그리움의 회로에는 '기억'과 '회상回想'과 '반추反芻'가 맞물리거나 엇물려있을 것이다.
그리고 필자의 언감생심焉敢生心처럼 그리움의 물결에 느닷없는 둑을 만들어서 '그리움의 섬'을 만드는 돌출 행동이 감행되기도 할 것이다.
필자는 그리움 머무는 곳을 '늦봄부터 초가을까지'의 섬으로 그려보았다.
그리고 다소 무모할지라도 그 섬에 머무는 계절을 그리움이 머무는 피안彼岸의 대상으로 설정하였다.

당신이 그리울 때 별님이라 했는데
오뉴월 초록에 당신의 눈빛 새기면

우리 사랑 푸르러질까, 푸르러질까

당신이 그리울 때 달빛이라 했는데
칠팔월 햇살에 당신의 가슴 새기면
우리 사랑 뜨거워질까, 뜨거워질까

당신이 그리울 때 코스모스라 했는데
구시월 들꽃에 살가운 추억 새기면
우리 사랑 영원해질까, 영원해질까
–「**당신이 그리울 때**」 전문 –

별님, 달님, 코스모스Cosmos는 광대무변廣大無邊한 우주 공간이다. 그 끝없는 시공간의 화선지를 누비는 그리움은, 비록 늦봄부터 초가을까지는 티끌의 시간이지만 애틋한 상념의 탑을 쌓아간다.
그리움은 시간이 빚어낸 '강 건너편 기슭의 향수鄕愁'이다. 강을 건너온 우리에게는 매양 아쉬움의 그림자가 드리워지고, 회상의 화선지에는 다시금 '스쳐 간 피안彼岸의 길모퉁이'가 그려지면서 노스탤지어nostalgia를 읊는다.

〈당신이 그리울 때〉는 카르마karma*의 굴레에서 벗어나 해원解冤의 길을 모색하는 노래이다.
지고지순했던 사랑의 탑을 완성하지 못한 채, 기나긴 세월 동안 못내 애틋함만을 지녀오다가 어느 세월 나루터에 이르러서 그 그리움의 원천을 소환하면서 매듭을 풀어헤치고자 하는 노래이다. [※ 카르마 karma : 산스크리트어로 "업業"이라는 말이며 〈몸과 입과 뜻으로 짓는 선악의 소행〉을 뜻함.]
그 절실한 매듭은, 아래의 뒤늦은 고백에 의한 위안의 타래에서 실마리를 찾아간다.

별빛이 푸를까, 당신의 눈빛이 푸르를까
달빛이 뜨거울까, 당신 가슴이 뜨거울까
우주만큼 그리운 당신, 추억 속에 영원할까
새겨가면 – 푸르러지고, 뜨거워지고, 그래서 영원해질 것만 같은 – 그리운 당신!
– **"당신이 그리울 때"**에 대한 심상心象 –

꽃피고 새가 우는 계절에 당신이 있고, 그 계절은 온 시절時節을 품고 있다. 그리움은 눈시울에 깃들 것이고 대상은 오뉴월이요, 칠팔월이며 구시월이다. 그리움은 별님, 달님, 코스모스(우주)이다.

그리고 그리움을 점진적漸進的으로 새겨가는 시절 - 오뉴월은 초록(푸른 눈빛)이요, 칠팔월은 햇살(뜨거운 가슴)이며 구시월은 들꽃(영원한 추억)이다.

그리움을 별과 달과 우주에 귀의歸依한 필자의 노래는 만물을 아우르는 관용이 있다. 그리움은 현인賢人이나 철학자, 시인이 설파說破하기 이전인 본연의 감성이다. 그리움이라는 감성은 적도나 위성, 극 지대나 대륙을 가리지 않는다. 오대양 망망대해에도 그리움은 출렁거리고 삼라만상森羅萬象에 애틋하게 드리워진다.

필자는 그리움의 대상을 별님과 달님, 우주에 띄운 채 능청스레 닻별(카시오페이아 좌)에 앉아보기도 하였지만, 은하수는 그리움의 모습을 한 발도 내밀지 않았다. 그래서 피어오르지 않는 그 언저리가 더 그리웠다.

세월 한 모퉁이에서, 사랑인지 그렁그렁한 그리움인지 모를 상념의 나래를 타고서 달과 별의 조각이라도 그립게 모아보아야겠다. 그러다 보면 "그리움만 쌓이네"에서도, "당신이 그리울 때"에서도 밤새 별빛을 머금은 낮달이 창연한 하늘에 떠올라서 헛헛한 가슴을 다독여줄지도 모르잖는가?

사랑의 사계절

오연복 시 / 강효욱 곡 / Ten. 이 현

Ten. 이 현

내가 당신을 봄처럼 사랑했을 때
당신은 고결한 청매화 눈빛이었지
푸르른 설렘으로 세상을 물들였었네

내가 당신을 여름처럼 사랑했을 때
당신은 밤하늘 사랑의 반딧불이었지
신비한 불빛으로 가슴이 타들었다네

내가 당신을 가을처럼 사랑하노니
단풍 잎새 맴도는 추억이 아름답다네
콩깍지가 손깍지 되어 한길을 걸었네

내가 당신을 겨울처럼 사랑한다면
당신도 내 뜰에 눈사람을 쌓겠지
마주 보고 살아온 한 시절 한 시절 행복하다네

계절처럼 읊어가는 사랑

스물여섯에 낀 콩깍지는 서른에 손깍지가 되어 삼십여 성상星霜을 훌쩍 건넜다. 그리고 서른여섯 번째의 계절을 가꾸는 중이다.

내가 당신을 봄처럼 사랑했을 때
당신은 고결한 청매화 눈빛이었지
푸르른 설렘으로 세상을 물들였었네
– 「**사랑의 사계절**」 1절 –

사랑은 눈빛으로부터 온다.
어떤 이는 찰랑거리는 머릿결이나 멋스러운 조형미가 도드라지는 뒤태로부터 설렘이 인다고도 하지만, 그것은 은근하게 일렁이는 두근거림에 지나지 않을 것이다.
인물이든 사물이든 눈길에 와 닿는 피사체로부터 체감의 척도가 가늠된다. 시각 · 청각 · 후각 · 미각 · 촉각 중에서 가장 즉흥적이고 반응속도가 빠른 것이 시각이다.
예사말로 "스파크spark가 튄다."라는 표현을 많이 쓰는데, '(두 물체가 부딪쳐서) 불꽃을 튀기다'라는 말뜻을 지니고 있다.
사랑이라는 애틋한 감성은 서로의 눈길이 잇닿아서 빛을 낸다. 이른바 오각五覺 중에 맨 먼저 서로의 시각視覺이 공감대를 이루어내는 것이다.

***

아이러니하게도 둘의 눈빛이 어우러진 것은 어느 해 한식날 이브이었다. 직장 동료였던 K-대리가, 직전 해 여름에 소천하신 부친의 산소에 올릴 제수 마련을 위하여

재래시장에 간다기에 동행하였는데, 그곳에서 만난 K-대리의 처제와 눈빛 코드가 잇닿은 것이었다.

***

「신혼여행 사진첩」(필자 사진)

그로부터 사계절은 사랑의 옷을 입었다.

그 눈빛으로부터 청매화 꽃술이 너울거렸고 마주한 눈빛에는 봄이 아지랑이처럼 포근하게 펼쳐졌다.

티격태격 사랑의 볼륨을 조정하면서 발밑에 사각거리는 서릿발을 뜬금없이 소환하기도 하였지만, 마침내 네 번째 봄을 결혼행진곡으로 내디뎠다.

그리고 가난했지만, 다정했던 삶의 행장에는 보석 같은 딸·아들이 안겨 왔다.

서울 한 모퉁이 허름한 건물에서 책을 만들고 과외 학원을 차렸던 그 시절, 꿈만큼은 태평양같이 푸른 파도였다.

내가 당신을 여름처럼 사랑했을 때
당신은 밤하늘 사랑의 반딧불이었지
신비한 불빛으로 가슴이 타들었다네
– 「**사랑의 사계절**」 2절 –

고등학교 때 수학여행을 부여 · 공주로 갔었는데, 부드러운 산세에 도읍한 백제의 유순한 고도故都에 반하였었다.

큰 산 하나 없이 누 백 년을 지탱해 왔다는 것이 두 손 모을 정도로 신비하였다.

그 땅의 기운을 받은 사람들은 분명 인내력 강하고 유순할 것이라는 생각이 들었는데, 기묘하게도 뜬금없는 다짐을 하였다.

"나는 이 담에 충청도 아가씨와 결혼할 거야!"

난데없이 뱉어냈던 그 말이 현실이 될 줄이야!

지금도 의아한 일인 것이, 실제 충청남도 아산에 처가를 이룬 것이다.

무심결의 다짐이 반딧불처럼 가슴에 내려앉았던 것이리라.

내가 당신을 가을처럼 사랑하노니
단풍 잎새 맴도는 추억이 아름답다네
콩깍지가 손깍지 되어 한길을 걸었네
– 「**사랑의 사계절**」 3절 –

그 충청도 여인은 부드러운 성정으로 도읍한 순정의 소유자였다.

꼬리표처럼 달라붙던 가난의 굴레에서도, 험난한 세상을 드잡이라도 하는 듯 술고래가 되어가는 남편의 횡포에도, 연년생 남매를 어엿하게 길러내며 시가媤家에도 한결같은 정을 나누는 속내 깊고 어여쁜 여인이었다.

뒤돌아보니 어느덧 삼십육 년이 지나가고 마주한 세월에 가을빛이 감돌 무렵, 문득 귀엽고 깜찍한 외손녀가 삶의 활력소가 되었다.

그리고 어느새 집안의 기둥이 된 듬직한 아들은 캠퍼스 커플(CC) 9년여의 긴 매듭을 결혼으로 동여매어 보금자리를 꾸렸다.

내가 당신을 겨울처럼 사랑한다면
당신도 내 뜰에 눈사람을 쌓겠지
마주 보고 살아온 한 시절 한 시절 행복하다네
– 「**사랑의 사계절**」 4절 –

이제는 추억의 시간이 길어진다.
가난의 굴레에 초대해 놓고 되레 짐짓 거만하게 굴던 초창기의 모습이 이젠 죄인의 굴레가 되고 좀 더 살갑게 대하지 못했던 마음에는 실핏줄 같은 채찍을 들이대고 있다.
서른여섯 해를 한결같은 마음으로 의연하게 지탱해 준 그녀 덕분에 켜켜이 쌓아 올린 행복이 꽤 높아가는 것 같아서 고맙기 이를 데 없다.
뒤늦게나마 마주 보고 살아온 한 시절 한 시절을 노래로 아로새겨본다.

사계절 여행 중

상고대霧氷

오연복 시 / 김희원 곡 / Bar.송기창

Bar.송기창
상고대

저 고개 너머로 설악면
등성이마다 샛길마다
무서리 내리고 내려
눈꽃을 피웠구나

저 길 따라가면 설곡리
가지마다 마디마다
밤안개 쌓이고 쌓여
사랑꽃 피웠구나

오늘은 차마 그대 창을
두드리지 못하네
내 마음에 바람 불어오면
눈꽃 사랑 녹아내릴까 봐
사랑 꽃이 녹아내릴까 봐

서리꽃

찬 이슬 맺히는 백로白露로부터 약 보름 뒤면 "서리" 내리기 시작한다는 상강霜降이다. 가을 끝자락인 10월 23~24일경으로 24절기 중 18번째 절기이며 첫서리는 "무서리"라고 하여 대체로 묽은 서리가 내린다. 이 시기에는 쾌청한 날씨가 이어지지만, 밤에는 기온이 급격히 낮아지면서 수증기가 지표 가까이에 엉겨 붙어서 서리가 된다.

"된서리"라는 말이 있는데, 건조하면서 추운 날씨에 식물의 잎 표면에 거무스레하게 발생하는 서리로 얼음 결정은 눈에 잘 띄지 않으나 농작물에 막심한 동해를 입힌다. 대기의 온도는 영하로 내려가기 전이지만, 대지는 큰 일교차로 인한 복사냉각 현상으로 영하권에 도달하기 때문에 지표에 근접한 식물이 급작스레 냉해에 시달리게 되는 것이다. 「된서리 맞다.」라는 표현은 '느닷없이 모진 시달림을 받아 기가 급격히 꺾일 때를 이르는 말'인데, 늦가을에 된서리를 맞고 축 늘어져 생기를 잃어가는 식물의 모습에서 비롯된 것이다.

또한 「추상秋霜같다.」라는 말은 '위엄이 있고 두려울 정도로 서슬이 푸르다.'라는 뜻으로 호통이나 불호령 내림을 늦가을의 날카롭고 매서운 서릿발에 빗댄 것이다. 이처럼 된서리는 강압이나 부정의 의미로 쓰이지만, 서리의 등속等屬인 "상고대(霧氷)"는 시선을 한몸에 받으며 찬사와 탄미嘆美로써 겨울철을 아름답게 장식하는 서리꽃이다.

상고대는 나무나 풀에 내린 서리처럼 보이지만, 실상은 공기 중의 수증기가 승화하거나 과냉각된 안개 · 구름의 미세한 물방울이 목본류나 초본류의 가지, 줄기, 잎새 등에 올라붙어서 하얗게 얼은 것이다. 상고대는 '영하 6℃ 이하일 때 90% 이상의 높은 습도와 살랑거리는 약한 바람' 등이 조화를 이루어 피워올린 것으로서 늦가을에서 초봄 사이의 이른 아침에 신비로운 하얀 꽃 모양새로 관찰된다.

그에 비하여 바람이 강한 환경에서 드물게 나타나는, 투명하고 두꺼운 얼음 결정체가 나무나 암석 등에 들러붙은 것은 "얼음꽃(氷花)"이라고 하며 눈이 나뭇가지 따위에 내려 쌓인 것은 "눈꽃(雪花)"이라고 하여 구분 짓는다.

추운 겨울을 매혹적으로 수놓는 결정체들이지만, 멋 자랑에는 나름의 이름에 걸맞게 짬을 펼쳐 보이는 시간대가 다르다.

가파른 계곡에 아침이 소곤거릴 무렵, "얼음꽃"은 천상의 세간에 영롱한 눈물꽃을 떨군다. 세상을 온통 뒤덮어 순수의 세상을 펼쳐놓고서 속살 고운 발자국을 남길 여유를 베푸는 것은 "눈꽃(雪花)" 세상이다.

물안개에 산곡풍 어우러지고 설핏한 햇살에 '세상에서 가장 긴 시詩'의 운율이 첫사랑처럼 살랑일 때, "상고대"는 서릿발에 함초롬히 내려서며 무빙Moving을 한다.

계방산 상고대(국립공원공단)

순백의 능선

우리나라에 설원의 아름다움을 자랑하는 명산은 헤아릴 수 없이 많다. 빼어난 기암 연봉이 파노라마처럼 펼쳐지는 설악산 국립공원, 태백산맥의 등마루를 이루는 만월산 · 장령산 · 기린산 · 귀왕산 · 외려산 등이 연꽃잎 형국으로 월정사를 보듬고 있는 오대산국립공원이 청정한 순백의 산등성을 이끌어 간다. 동계올림픽의 무대이고 "겨울연가", "도깨비", "그 겨울, 바람이 분다" 등의 촬영지로서 한류의 발원지로 떠오른 발왕산 천년주목숲길이 청정한 눈꽃 세상을 이어간다.

비로봉 · 국망봉 · 연화봉 · 도솔봉 등을 아우르며 한반도의 내륙에서 지리산, 설악산에 이어 세 번째로 널따란 소백산 국립공원이 설원의 위용을 뽐낸다. 그리고 거대한 겨울왕국으로서 향적봉 오르는 길마다 새하얀 눈꽃과 상고대로 수놓는 덕유산국립공원에 이르면 무아지경의 은백색 세상에 빠져들게 된다. 덕유산은 백두대간의 중심부에 있으며 금강과 낙동강의 젖줄이다. 그 금강 물줄기에서 뿜어 올린 수증기가 겨울 덕유산의 나목과 관목, 수풀 등에 엉겨 붙어서 고혹적인 상고대의 장관을 연출한다.

순백의 능선은 민족의 영산인 지리산의 후덕한 품에서 광활한 선계의 극치를 펼쳐낸다. 천왕봉 · 반야봉 · 노고단을 중심으로 병풍처럼 펼쳐져 있는 수많은 봉우리와 능선, 계곡이 새하얗게 물결치는 지리산의 겨울은 차라리 포근한 안식처이다.

태고의 신비를 간직하고 있는 한라산 370개 봉의 오름들과 백록담의 설경이 자아내는 운치는 경이롭다. 어리목 · 사려니숲길 · 삼다수숲길 · 영실지소 · 윗세오름 · 성판악휴게소 · 1100고지 등 남한 최고봉 길목 길목에 드리워진 눈꽃과 상고대의 다채로운 향연은 절로 감탄사를 부른다.

상고대가 절경을 이루는 곳으로 설악산, 소백산, 덕유산, 지리산, 한라산 등 명산을 손꼽기도 하지만, 물 흐르는 우리 산골 어느 곳인들 아침 햇살에 반짝이는 상고대가 아름답지 않은 곳이 있으랴!

필자는 서두의 「상고대」 시를 지으면서 필자의 서재로부터 동남쪽으로 약 80여 리 밖에 있는 경기도 가평군 설악면 설곡리를 시의 무대로 초대하였다. 상고대는 겨울의 예쁜 장식물로써 눈꽃과 어우렁더우렁 한 계절을 나는 서리꽃이다. 그런 까닭으로 눈(雪)이 중첩되는 "설악면雪嶽面"과 "설곡리雪谷里"는 알맞은 소재거리가 된 것이다.

그리고 상고대는 계곡물이나 강가에서 수증기가 피어올라 나무나 풀 등에 얼어붙는 얼음 결정체인데, 설악면 설곡리 봉미산 서쪽에서 발원하여 북한강으로 흘러드는 설곡천雪谷川이 시의 착상을 자연스럽게 이끌었다.

덧붙이기

"설악"은 고려 말기에 국사國師를 지냈고 조계종曹溪宗의 중흥조中興祖이며 태고종太古宗의 종조宗祖인 보우선사(太古普愚, 1301~1382)가 1348년(충목왕 4)에 지금의 설악면 설곡리에 「소설암小雪庵」을 짓고 생활하다 열반에 들었다 하여, 불교의 성산인 '설산雪山'과 '부악父嶽'에서 한 글자씩 따서 형성된 지명으로 알려져 있다.

불교 승려인 보우가 열반에 들어 태고사에 원증국사圓證國師 탑비가 세워질 때, 고려의 대 유학자大儒學者인 목은 이색牧隱 李穡이 "화하華夏에 이름을 널리 떨치고, 사리가 고금을 비추네!"라는 비문을 지어 올리며 매우 높게 칭송하였다고 하며 당대의 거목이었던 최영과 이성계도 보우선사의 제자로서 비문에 새겨졌다고 한다.

시인의 아내

오연복 시 / 오동일 곡 / Sop. 임청화

Sop.임청화

하루에 한 번은 당신의 눈빛에 담기고 싶어요
당신은 이름 없는 풀꽃에서 우주를 찾고 있지만
나의 눈 속에는 별빛만 보인답니다, 온종일

하루에 한 번은 당신의 귓가에 맴돌고 싶어요
당신은 새소리 물소리 솔바람 소리를 듣지만
나의 귓전에는 코골이만 무심하답니다, 온종일

당신이 넘기는 책장에는 외로운 바람이 불어요
차라리 내가 책갈피 속에 책갈피 되면 어떨까요
외로운 탐방로에 등불을 밝힐래요, 하염없이

임 그림자

그녀를 처음 본 것은 1985년 5월 초 영등포 경원극장 지하다방이었다. 당시 직장 동료였던 K와 담소하던 중 우연히 K의 처제 이야기가 오갔었는데, 한식寒食 전날 K의 선친 성묘용 제수를 준비하기 위해 K의 처와 처제를 만나기로 하였다는 말에 장난스레 따라나섰던 것이 운명의 첫걸음이 되었다.
그리고 그 주말에 명보극장에서, 그 당시 음악 영화의 대표적인 걸작으로 아카데미 8개 부문을 수상하여 화제를 모았던 "아마데우스Amadeus"를 감상하면서 둘의 1일을 시작하였다.
이성을 향한 눈빛에 둔감하였던 필자에게 "첫눈"이 내린 날이었으며, 훗날 〈첫눈〉이라는 가곡의 물꼬가 되었다.

첫눈 / 오연복

첫눈에 반했네, 그대의 짜릿하던 그 눈길이
별빛으로 다가와서 내 눈 속에 은하수를
펼쳐 놓았네, 그대와 함께 걷던 함박눈 거리
이 가슴에 추억의 눈꽃을 새겨 놓았네

첫눈에 반했네, 내 심장에 하얗게 쌓인 눈
신비의 설원 되어 그대 품에 오로라를
펼쳐 놓았네, 여신의 드레스로 보듬은 순정
이 가슴에 행복의 꽃눈을 새겨 놓았네

서울시 용산구에 직장이 있던 필자와 경기도 부천시에서 영등포로 출퇴근

하였던 그녀 사이에는 삐삐와 전철, 그리고 가끔 전달되는 손편지가 징검다리를 놓아주었다.
한여름 매미 소리와 가을 산들바람이 그리움을 실어 날랐고, 심장처럼 쌓여가는 함박눈과 아지랑이 밀어 올리는 꽃눈이 서툰 사랑을 옹글게 하였다.

땀방울 송글거리던 여름과 옴켜쥔 두 손이 코트 주머니를 달구던 겨울의 창이 환등기처럼 풍경을 바꾸어가는 동안, 섬마을 모래톱에 지문을 남기고 강변 석간수에 새소리 띄우고 놀이공원에서 움찔움찔 가슴에 스키드 마크를 새겨간 4년여의 세월!

포근한 미소만큼이나 가슴도 따뜻했던 그녀는 미래의 시媤 가족에게도 정겹고 살가웠으며 예비 형제자매들의 생일까지 일일이 챙길 정도여서 필자의 마음 한가운데 "결이 고운 여인"으로 떡하니 들어앉았다.

결이 고운 여인

오연복 시 / 양진경 곡 / Bar.오동국 // 이종록 곡 / Sop.신승아

무심결에 눈가에 그려진 당신
오뚝한 콧마루엔 고결한 기품
바람결 울리는 청아한 목소리
뒷모습 설레던 여신의 머릿결
숨결마다 감도는 옛길의 향취

Bar.오동국

풋 잠결에 입가에 그려진 당신
맴도는 사연마다 엽서가 되네
석간수 흐를 듯 새소리 들릴 듯
감미롭게 실리는 아련한 회상
달빛 호수에 윤슬이 영롱하네

Sop.신승아

눈결에 스미는 촉촉한 그리움
가슴에 일렁이는 추억의 너울
당신의 마음결에 돛을 띄우네
살며시 밟아본 그대의 그림자
새벽 꿈결에 미소로 다가서네

헐렁한 문과의 전형이었던 필자와 달리 알뜰하고 야무진 이과의 성향을 지닌 그녀는 문학이나 예술과는 거리가 먼 여인이었지만, 타고난 너그러움으로 보조를 잘 맞추어 주었다. 교제하는 동안에 실직과 이직, 가난의 굴레에 힘겨워하는 필자에게 그녀는 든든한 지원자였고 버팀목이었다. 갈피를 잃은 필자에게 물심양면의 조력을 아끼지 않았으며 그때의 뒷받침은 오늘의 필자가 있게 한 큰 동력이 되었다.

그러한 그녀의 헌신에 이끌리어 필자의 마음을 한 자 한 획 붓끝으로 아로새긴 "임 그림자"를 두루마리 붓글씨 편지로 띄웠었다. 딱 두 쪽밖에 없던 필자의 처지였지만, 막막한 앞길 마다하지 않고서 그녀는 "임 그림자"를 타고 와서 드디어 〈시인의 아내〉가 되었다. 그리고 아슬아슬한 가난의 곡예에 허덕이는 삶이었지만, 더할 나위 없이 예쁜 공주와 품 넓고 듬직한 왕자가 태어나서 우리 보금자리에 행복의 나래를 펼쳤다.

임 그림자 / 오연복

나의 눈망울에 오롯이 깃드는
의연한 그림자 하나 있기에

영속의 머묾을 애태워 그렸더니
원앙, 눈빛 살가운 그 원앙새
한 쌍이 가슴 보듬어 솟아오른다

동공 너머로 운모처럼
반짝이는 보드레한 날갯짓에
자수정 같은 사랑이 움트고

경건한 입맞춤에
애틋한 정이 감돌아
여미는 품마다 스미는 임 그림자

오로지 한마음 한 쌍으로
늘 푸르른 하늘 향해
도도히 날아오르소서, 원앙이여

건실한 사랑의 외침으로
강산에 메아리 울리고

하늘 가까이
소망을 새록새록 수놓아
서로의 가슴 길이길이 잇닿게 하소서

시인이냐 부인이냐

티 없이 맑고 건강하게 커가는 딸 아들이 고맙고 흐뭇하였다.
시인의 아내는 아이들이 성장하는 동안 학업성적보다는 인성이 우선이라는 원칙을 항상 고수하였다.
유난한 과정 거치지 아니하고 별스럽지 않게 커 준 아이들이지만, 순조롭게 대학을 나와서 사회의 일원으로 당당하게 뿌리내리기까지 시인의 아내, 그녀의 보이지 않는 손은 꿋꿋하였다.
아이들이 대학 진학을 하면서 서울살이를 마치고 경기도 남양주시 천마산 기슭으로 보금자리를 옮겼다.

그런데 낯선 환경, 낯선 사람들 틈바구니에서 그녀의 낯가림이 시작되었다. 사업에 매달리면서 새로운 교류에 빠져들던 필자와는 달리 그녀는 서울 카테고리를 벗어나서 가뜩이나 외로움에 겨운 삶에 갱년기라는 불청객이 슬며시 더부살이를 하였던 것이다.
당시 필자는 새 터전에서, 속세에 찌들지 않고 순수한 남양주 사람들과 인연을 넓혀가면서 "열린마당"이라는 모임을 꾸렸고 십수 년 정을 쌓으며 오늘까지 이어오고 있는데, 모임 시작 당시 그녀에게 동참을 권유하지 못했던 것이 두고두고 후회스럽다.
함께 어울리고 부대꼈더라면 갱년기라는 늪에서 좀 더 빨리 벗어났을지도 모른다는 자책이 꼬리를 문다.

갱년기 증상은 제2의 사춘기로서 여인네들의 통과의례라는 위로를 건네받기도 하였지만, 긴 시간 괴로웠을 그녀를 되짚어보면 사려 깊지 못한 대처가 아쉽기만 하다.
하물며 그 시기에는 문학 활동에도 열정적이어서 문학단체와 문인들 간의 모임이 잦고 늦은 귀가 시간으로 그녀와 부딪침이 많았다.
여류 문인들과의 일반적인 교류에 대한 마찰이 비롯되고 급기야 오해와 질투가 심화 되었다.
질투는 여인의 보편적인 성향이며 사랑 없이 질투는 없다고 하지만, 당시 집착에 가까웠던 그녀의 질투는 자주 필자의 방어선을 무너뜨리곤 하였다.
뒤늦게 일깨워진 사실이지만, 제아무리 성녀일지라도, 보살 같은 여인일지라도 질투는 여인이 지닌 전가의 보도요, 치트 키cheat key 같은 것이었다.

탈무드에는 "질투는 남자에게 있어서는 약점이지만, 여자에게 있어서는 하나의 강점이다."라고 하였으며 프랑스 작가 아나톨 프랑스Anatole France는 "질투는 사랑의 자매이다. 악마가 천사의 형제이듯이."라고 설파하였다.

시성詩聖으로 일컬어지는 괴테Johann Wolfgang von Goethe는 "질투가 폭발하려 하거든 그것이 허기지도록 놔두어라."라는 현명하고 유연한 대처법을 남겼지만, '결백'이 자꾸만 '변명'으로 탈바꿈되는 현실의 벽 앞에서 당시 필자의 우둔한 성정은 기다릴 줄 모르고 발끈하는 마음이 치밀어 극한 스파크를 일으키곤 하였다.

시인이냐 부인이냐 / 오연복

부인은 시인하라 하고
시인은 부인한다 한다
누리사랑방 사진 서너 장을 붙들고
단체 사진 속 여류 시인이 걸친 팔짱과
마주 보며 눈웃음치는 여인의 정체를
밝히라며 사흘 멀다 하고 억장을 이긴다

뜻 없이 투영된 순간의 피사체일 뿐
시인은 오롯한 부인 바라기라고
안방으로부터 흘러나온 시인의 애타는 부인은
거실을 맴돌다가 주방을 기웃거리며
하얀 고백을 늘어놓지만, 부인의 온기 없는 추궁은
시인의 외출 길마저 졸졸 따라 다닌다

어느덧 삼 년을 에운

연분홍 줄다리기
천일야화를 한 결로 엮어낸 평행의 주로
내보일 게 없는 시인과
걷어내지 못해 안타까운 부인의 틈새에서
시인과 부인의 쳇바퀴가 돌고 돈다

그토록 벌거벗고도 또 벗어야 하는
위장할 수 없는 시인과
차마 끌어안을 수 없던 부인,
이제는 눈부시도록 밝은
대낮의 억장에 놓인
평행의 주로가 분홍빛으로 달아오른다

필자는 시인의 아내로부터 별빛 사랑을 받아왔고 달빛 행복을 누려왔다. 비록 시인의 아내가 문학의 길을 동반하지는 않지만, 어느 때부터인가 남부럽지 않은 삶을 영위하면서 나름 안락하게 살아온 것은 그녀의 가없는 사랑이 큰 몫을 하였다.

동병상련이랄까 비근한 맥락을 살피다 보니 괴테의 삶이 들여다보였다.

괴테는 많은 여성 편력이 있지만, 동거와 결혼으로 27여 년을 함께 살다가 사별을 한 "크리스티아네 폰 불피우스Christiane Vulpius(직업 : 조화공造花工)"를 많이 사랑하였다고 한다.

크리스티아네는 비 식자층으로 비 문학인이었고 비사교적이었는데, 괴테의 작가로서의 자유분방함과 감수성을 이해했고 그의 예술적 영감을 자극해 많은 시문학에 영향을 주었다고 한다.

물론 괴테가 섭렵하였던 여성 편력은 필자의 취향과는 거리가 멀고 오로지 '시인의 아내'로부터 별빛 달빛 머금고 살아온 동반자로서 비록 삶의 여정을 만족스럽게 그려왔다고 내세울 만큼 떳떳한 필자는 아니지만, 한평생 진솔한반려의 정을 잊어본 적이 없다.

필자에게 있어서 진정한 "이승의 소풍"은 시인의 아내라는 뜨락을 거니는 것이다.

어느새 인생의 가을 녘을 밟아가는 것 같다.

추억의 나래는 넓어져만 가는데 눈길 아른거리는 여백은 한 움큼으로도 쥘 듯이 여겨진다.

콩깍지가 손깍지 되어 시인의 아내와 한길을 살아낸 여정, 그리고 여생을 계절에 기대어 노래하여 본다.

사랑의 사계절 / 오연복

내가 당신을 봄처럼 사랑했을 때
당신은 고결한 청매화 눈빛이었지
푸르른 설렘으로 세상을 물들였었네

내가 당신을 여름처럼 사랑했을 때
당신은 밤하늘 사랑의 반딧불이었지
신비한 불빛으로 가슴이 타들었다네

내가 당신을 가을처럼 사랑하노니
단풍 잎새 맴도는 추억이 아름답다네
콩깍지가 손깍지 되어 한길을 걸었네

내가 당신을 겨울처럼 사랑한다면
당신도 내 뜰에 눈사람을 쌓겠지
마주 보고 살아온 한 시절 행복하다네

애련의 능소화

오연복 시/ 오동일 곡/ Sop.임청화

Sop.임청화

돌담 위로 살포시 고개 내민 능소화야
저녁놀에 어리는 그 자태가 고결하다
홍조 띤 네 얼굴은 초야의 설렘이더냐
기다림에 지친 가슴 속 멍울이더냐

움키고 움킨 세월 고혹하게 여미고
달래고 달랜 가슴 주황 꽃이 되어서
천 번을 피어도 담장만 기웃거리는
능소화 속절없이 고결한 여인네야

(후렴)
화사하거든 차라리 고고하지나 말지
신조차 질투하여 독성을 숨겼다 하네

전설의 디딤발, 능소화

능소화는 덩굴로 커가는 다년생의 나무이다. 흡반이라고 하는 노출뿌리를 숙주목이나 담벼락 등에 흡착시켜서 본체인 덩굴을 단단히 고정해 가며 세력을 넓히는 치밀하고 옹근 식물이다.
칡이나 담쟁이덩굴, 등나무, 노박덩굴 등의 여느 덩굴식물들처럼 대상물을 휘감아 오르거나 흡착하여 치오르는 오름 지향성을 보인다.

필자가 「한여름 밤의 능소화」라는 시에서 설파하였듯이 능소화는 꿈을 향하여 끝없는 몸부림을 치다가 끝내는 목마른 삶을 떨기째 툭 떨구며 지고지순한 꿈을 승화시킨다.
악착과 억척으로 대상을 점령하면서 한여름과 가을 한 자락을 아름다운 주황 물결로 도도하게 수놓아가는 열망의 꽃 능소화!
어여쁠수록 시샘이 많다 하였던가?
토템과 애니미즘의 정령이 그 능소화를 그저 지나치지 않는다.
옛날 구중궁궐의 궁녀였던 "소화"가 임금의 성은을 입어서 빈의 첩지를 받았으나, 책봉 후로는 임금이 일절 소화의 처소를 찾지 않았기에 궁내의 연적과 궁녀들로부터 멸시의 수군거림을 받으면서 평생을 임금이 찾아오기만을 기다리고 기다리다가 상사병으로 죽었다 한다.
날이면 날마다 임금 오시는 발자국 소리 들릴까 하여 담장에 기대어 디딤발로 귀를 쫑긋 세우던 그곳 그 자리에 주검을 묻어달라는 유언을 남긴 그녀를 담장 밑에 묻었는데, 그곳에서 돋아난 것이 능소화라는 전설이 내려온다.

달빛 같은 이야기들
꽃 나팔에 수런수런 매달리네
담벼락 달군 뙤약볕에
홍당무가 되었을까
팽나무 휘감아 조르다가
남세스러워 다홍색 나팔을 불고 있을까
세월의 덫에 휘감기어 한여름의 훈증기를 쥐어짜는
애달픈 주황 떨기여, 목마른 목덜미여!
부르고 부르다가 휘감겨 오른 쉰 소리
어흥 소리 그리워 홀로서만 뜨겁게 살다가
담장 밑에 툭 떨어져
넋조차 온몸으로 뒹구네

– 「**한여름 밤의 능소화** / 오연복」 전문 –

속절없이 고귀한 능소화

옛 문헌에 따르면 능소화는 과거에 급제한 자에게 임금이 하사하는 "어사화" 꽃이라 하여 양반가에서 정원수로 애지중지하여 "양반꽃"으로 불렸으며 상민은 함부로 기를 수 없었다고 하니 아름다움을 향유하는 데도 귀천을 가르게 한 콧대 높은 꽃이었다.

금등화로도 불리는 능소화는 꽃이 한 번에만 흐드러지게 피는 게 아니라 피고 지고 피고 지고를 거듭하며 여름부터 가을 중턱까지 무성하고 싱싱한 꽃을 감상하게 한다.

동의보감에서는 "몸을 푼 뒤 어혈이 이리저리 돌아다니는 것과 자궁출혈 및 대하를 낫게 한다."는 기록과 함께 줄기와 잎, 뿌리를 모두 약재로 사용한다고 하였다.
민간에서는 꽃가루가 눈에 들어가면 실명할 수도 있다는 설이 나돈다고 하나, 능소화는 바람의 영향을 크게 받지 않고 곤충이 매개체가 되는 충매화이기 때문에 그러한 설은 설득력이 떨어진다고 한다.
그렇지만 능소화의 '꿀에는 독성이 있음'이 밝혀져 능소화 꿀을 먹거나 꿀이 피부에 닿아 오랫동안 노출되는 것은 피해야 한다고 한다.

연필로 꾹꾹 담아낸 감성의 악보

「애련의 능소화」는 가곡 〈강이 풀리면〉을 대표작으로 삼아 온 고 오동일(1933~2022) 작곡가가 타계하기 20여 개월을 앞둔 87세 후반기에 선율을 붙인 노년의 역작이다.
고인이 1967년 34세 젊은 나이의 청주교대 교수 시절에 작곡하여 많은 사랑을 받아온 〈강이 풀리면〉은 「산 너머 남촌에는」이라는 대중가요로 익숙한 납북 시인 김동환의 시이다.
작곡 당시에 청주 무심천을 오가며 떠오른 선율을 오선지에 담아냈다고 한다.

필자와는 2015년에 가곡동인 12집의 〈물푸레나무 타령〉 녹음을 하던 장충스튜디오에서 첫 만남의 시간을 가진 이후, 2016년에 〈시인의 아내〉를 작곡하면서 친분을 쌓아갔다.

노익장의 원숙한 감성을 연필로 꾹꾹 담아낸 「애련의 능소화」 악보를 받아든 Sop. 임청화는 녹음을 앞두고서 떨리는 가슴을 누르면서 연습에 연습을 거듭하였다고 고백한 일화가 있다.

애련의 능소화
오민복 시
오동일 곡
♩= 78
mp
mf

mp
가슴속멍울이더나
고결한여-인네야
mf
화사하거든 차라-리
ten-
mp
고고하지나-말지 - 신조차 질투하여
독설을숨겼다하네 - 독 설 을 -
Poco. rit
숨 겼 다 - 하 네
2020.

지성이면 감천

오연복 시 / 이종록 곡/ Bar. 박승혁

Bar.박승혁

지극정성으로 섬기면 하늘도 감동한다네
부모 생전 섬긴 효행은 나라가 우러르고
한결같은 시묘살이에 하늘도 감탄하여
맑은 우물 내리셨네, 효감천 내려주셨네

지극정성으로 섬기면 미물도 감동한다네
백호가 제수 바치고 풀벌레도 기린 효성
오준 선생 효행에 성종께서 벼슬 내리시니
창효사 세워 널리 널리 본받게 하였다네

(후렴)

오준 선생의 효감천은 천년을 솟아오르네
거룩한 효도의 물줄기 영원히 흐르리라

노래로 울려 퍼지는 효孝

지성이면 감천

세상이 갈수록 각박해지고 흉포화하고 있어서 안타깝다.
뉴스 사회면에 "묻지 마 폭행, 묻지 마 살인", "불특정 다수 살해 예고", "교사 폭행, 또는 자살", "친족 치사상" 등 열거하기조차 참혹한 일들로 도배되고 있는 현실이다.
질서가 무너지고 인륜이 내팽개쳐지는 가슴 아픈 일들을 마주하면서 예로부터 강조되어 온 인본의 근간인 충효사상忠孝思想과 도리의 덕목인 군사부일체君師父一體를 다시금 떠올리게 된다.
나라에 충성하고 부모께 효도하는 것을 최고의 덕목으로 삼아서 인륜의 질서를 바르게 세웠고 '나라님과 어버이와 스승님'을 동격으로 가르쳐서 그 존엄함을 일깨웠다.
그런데 물질만능과 개인주의가 세상을 지배하기 시작하면서 그 틀이 무너지기 시작하였고 질서와 위계가 문란해지기에 이르렀다.

전북특별자치도 고창군 신림면 외화리 8에는 조선 성종 때 효의 대명사였던 "오준吳浚 선생"의 유적이 있다.
전북특별자치도기념물인 "효감천孝感泉"과 "창효사"이며, 오준 선생의 후손들과 고창군 신림면 주민자치위원회가 유적 보존과 효 사상 고양에 힘쓰고 있다.
오준 선생은, 고려말 요승 신돈辛旽이 권력을 휘두를 때 「한림원 승지翰林院承旨」 벼슬을 버리고 고창군 신림면 제하리에 정착한 오자귀吳自貴의 증손이고 「동지중추부사同知中樞府事」를 역임한 오팽년吳彭年의 아들이다.
세종 26년에 고창군 신림면 외화리에서 태어난 선생은 어린 시절부터 학문에 매진하고 예절을 숭상하며 효성이 지극하였다.
28세 되던 해에 지극정성으로 봉양하던 모친이 위독한 상황에 이르자 자기 손가락을 베어서 낸 피를 모친의 입에 넣어드려 연명하게 하였고, 아버지가 등창이 심하여 백약이 무효하자 입으로 환부의 피고름을 빨아내었으며 위급한 상황에서는 부모의 변을 맛보며 병세를 살피고 자신의 허벅지살을 도려내어서 병구완하는 등 뭇사람이 감히 엄두조차 못 낼 효성을 보였다.

또한, 모친 사후 두 달 만인 1471년 4월에 부친까지 돌아가시자 취령산 자락에 양친의 유택을 마련하고 시묘살이를 하면서 조석으로 극진한 제수를 올리는데, 여막廬幕 근처에 맑은 물이 없어 5리 밖에 있는 빼산[秀山] 중턱까지 새벽마다 물병을 메고 물을 길어 나르니 손발이 붓고 터져 성할 날이 없었다. 그 지고한 효성이 하늘에 닿았던 지 시묘살이하는 동안 매달 보름날 저녁이면 호랑이가 사슴을 물어와서 제전祭典을 도왔고, 제례에 사용할 물을 긷는 곳이 너무 멀어서 고생하는 것을 안타까이 여겼던 듯이 여막 아래쪽에 뇌성벽력을 일으켜 샘이 솟게 하였다고 한다.

선생의 범상치 않은 효가 조정에까지 알려지자 성종成宗은 정5품의 통선랑通善郎 군자감직장軍資監直長의 벼슬을 내렸으며 흥덕현감興德縣監이 우물의 둘레를 정자井字 모양의 석축으로 개수하고 "효성천孝誠泉"이라 명명하였다.
그 후 성종 25년에 선생이 별세하자 나라에서 정려각旌閭閣을 내려 우물 뒤편에 세우고 당시 흥덕현감이 "효감천孝感泉"이라는 비석을 세워 효감천이라고 고쳐 부르게 되었다.

그 숭고한 효의 표상인 "효감천"을 널리 알리고 인륜이 올바르게 세워지기를 염원하면서 오준 선생의 후손인 필자가 〈지성이면 감천〉이라는 시를 썼고, 전북대학교 음악대학장을 지낸 저명한 작곡가 이종록 교수가 곡을 붙여서 백석대학교 교수인 바리톤 박승혁의 중후한 울림소리를 통해 세상에 내놓았다.

효감천孝感泉 사료史料

[국가유산(文化財) 설명]

이 샘은 조선 성종 4년(1473) 효행이 지극했던 오준(1444~1494) 공의 지성에 하늘이 감동하여 생긴 것이라 전한다.

그는 효성이 지극하여 모친이 병으로 위독하자 손가락을 베어서 입에 주혈하여 연명하게 하고, 종기로 신음하자 입으로 빨아내 낫게 하였으며 상을 당하자 취령산 아래에 장사 지내고 여막을 지어, 시묘살이를 하는데 효성에 감동하여 보름날 저녁마다 호랑이가 사슴을 물어와 제전을 도왔고, 근처에 샘이 없어 들을 건너 수산에서 물을 길어와 제수로 사용하던 어느 날 이를 안타깝게 생각한 듯 하늘에서 갑자기 천둥과 벼락이 치더니 여막 아래에 샘을 이루고 물이 솟았다고 한다.

그 물이 맑고 깨끗하여 길러 사용하던 것을 고을 원이 와 보고서 샘가에 돌을 쌓고 비를 세워주었으며 후세 사람들이 감천이라 불렀다. 영조 24년(1748년)에 창효사를 건립, 후손들이 춘추로 제사를 지내 오고 있다.

[신증동국여지승람新增東國輿地勝覽 제34권]

오준吳浚(1444-1494) 선생의 극진한 효가 조정에 알려지자 성종成宗은 정5품의 통선랑通善郎 군자감직장軍資監直長의 벼슬을 내렸으며, 1494년에 선생이 별세하자 흥덕현감興德縣監은 이 샘을 '효감천'이라고 이름 지어 중수하였고, 조정에서는 선생의 효행을 널리 알려서 온 백성의 귀감으로 삼게 하였다.

1473년(성종 4년)에는 제사에 사용할 물을 길으러 가는 것이 먼 것을 안타깝게 여긴 듯 하늘에서 뇌성을 일으켜서 여막廬幕 가까이에 샘물이 솟도록 했으며, 매월 보름이면 호랑이가 사슴을 잡아 와서 제수祭需로 바쳤다고 한다.

또한 1748년(영조 24)에는 벌레가 대나무 잎을 갉아서 '창효彰孝'라는 두 글자를 새기는 것을 보고 유림과 현감이 사당을 건립하여 창효사彰孝祠라 이름 지어 기리었다.

[현대現代/contemporary]

현대에 이르러서는 1980년 3월 8일에 전북도 기념물 제43호로 지정하였고, 1999년 11월 25일에 이호종 고창군수가 효감천 부지에 석조부조물 감천효행칠도感泉孝行七圖를 조성하여 오준 선생의 효를 현창顯彰하였다.

효감천 우물 곁에 전북대학교 최승범 교수가 찬撰한 시의 비가 세워져 있다.

효감천과 정려각(전북특별자치도기념물 제43호)

[감천효행칠도感泉孝行七圖 내용]

感泉公廬墓圖(감천공여묘도)

살아계실 때 다하지 못한 효를 돌아가신 후에 묘 옆에 움막을 짓고 정성을 바쳐 3년간 효를 다했다.

擔壺汲水山外(담여급수산외)

가까운 곳에 깨끗한 물이 없어 눈비 맞으며 물병 메고 5리길 산 너머로 물을 길으러 다녔다.

天雷湧泉廬下(천뢰용천여하)

하늘이 지극한 효성에 감동하여 벼락을 쳐 땅을 파서 여막 아래 샘물이 솟게 하니 효감천이라 한다.

邑倅卽駬甃井(읍쉬즉이추정)

벼락 쳐서 샘이 파인 사실을 안 흥덕 원님이 인부를 인솔하여 샘 돌을 쌓고 주변 공사를 재촉하여 끝냈다.

朔望虎獻生鹿(삭망호헌생록)

매월 초하루와 보름이면 호랑이가 사슴을 물고 와서 바치니 삭망 치전에 제수가 풍족하였다.

狗虎同庭乳雛(구호동정유추)

개와 천적인 호랑이가 여막에서 서로 사이좋게 지내며 강아지에게 젖을 먹이는 자비를 베풀었다.

雲伊汚泉震死泉邊(운이오천진사천변)

하늘이 효자에게 파준 우물에서 운이라는 여인이 추한 빨래로 샘을 더럽히다가 그 자리에서 벼락 맞아 죽었다.

감천효행칠도感泉孝行七圖

[효감천 시비 문]

여기 청렬한 샘물이 / 내내 솟고 있다 / 겨레의 숨결과 더불어 / 또한 이어 흐르리라 // 어버이 살아 계실 젠 / 섬기는 일 다 하셨고 / 돌아가신 후도 / 받드는 마음 생시 같으셨다 아아 오준 선생 / 아름다운 이 효행을 / 하늘도 끝내 느껴워 / 이 샘물을 내셨거니 효감천 나라에 들려 / 창효사를 이룩했고 / 5백 년 선비들은 / 효의 본을 삼아 왔다 // 취령산 솔바람 소리 / 어제런 듯 맑혀주고 / 산짐승 미물들도 / 삼가비케 우러르네 이제라 사람들 효심을 / 어찌 아니 깨칠건가

- 전북대학교 교수 최승범 짓고 성균관 전학 남대희 씀 -

창효사彰孝祠 사료史料

[한국향토문화전자대전]

전북특별자치도 고창군 신림면 외화리 산 40-1 [효감천로 66-4]에 자리한 동복오씨 문중의 사당으로 효감천 뒤쪽에 배치되어 있다.

〈개설〉

창효사彰孝祠는 성종 때 효행으로 이름이 알려진 감천 오준吳浚/1444~1494과 오시정吳詩挺을 제향하는 사우이다. 오준은 어려서부터 효성이 지극했는데, 그의 효정행을 기리기 위해 건립되었다. 오준의 효성에 감동한 하늘이 시묘살이하던 자리 아래에 갑자기 벼락을 쳐서 청수淸水가 솟으니 이를 효감천孝感泉이라 하고, 벌레가 댓잎에 창효彰孝라 새기니, 사우 이름을 창효사라 했다고 한다.

〈변천〉

창효사는 1494년에 처음 세워졌다. 원래 정문旌門과 효감천이 있는 고창군 신림면 외화리의 향현사鄕賢祠에 위패를 봉안하여 유혜원柳惠源, 유필원柳必源 등과 함께 배향되었다. 영조 때에도 선생의 효행이 나라 안에 널리 알려져 이천보李天輔, 김재로金在魯, 정유양鄭有良, 조명현趙命顯 등이 효감천의 명문을 지어 탄미歎美 하였다. 또한 대제학 남유용南有容이 묘비명을 짓고, 호남 실학의 거두 황윤석黃胤錫, 호남 석학 기정진奇正鎭 등이 『효감천실기孝感泉實記』 서문을 지었다.

1748년(영조 24)에는 진사 백시명白時明 등이 상언하여 창효사彰孝祠로 현판을 바꾸고 고창군 신림면 법지리로 옮겨져 1868년(고종 5) 사우가 철폐될 때까지 그곳에서 모셔졌다. 그 후 창효사는 1868년(고종 5) 원래의 위치인 신림면 외화리에 다시 지은 뒤 오준을 주벽主壁으로 모시고 향사享祠하고 있다. 오랜 세월에 건물이 퇴락하여 2008년 동복오씨 문중에서 재건하고 동년 11월 12일에 준공하였다.

창효사(노란색 테두리 안 / 왼쪽 계단 위 강당의 위쪽에 위치함)

동복오씨 감천공파 효행·공적비 군

첫눈 d^o^b ^)

오연복 시/ 구본철 곡/ Sop.임청화

Sop.임청화

첫눈에 반했네, 그대의 짜릿하던 그 눈길이
별빛으로 다가와서 내 눈 속에 은하수를
펼쳐 놓았네, 그대와 함께 걷던 함박눈 거리
이 가슴에 추억의 눈꽃을 새겨 놓았네

첫눈에 반했네, 내 심장에 하얗게 쌓인 눈
신비의 설원 되어 그대 품에 오로라를
펼쳐 놓았네, 여신의 드레스로 보듬은 순정
이 가슴에 행복의 꽃눈을 새겨 놓았네

❄첫눈: 밟기, 사랑으로 밟혀오는 첫눈

첫눈은 눈꽃 설렘으로 와서 꽃눈 그리움을 소록소록 쌓는다
첫눈은 행복 누리에 추억 타래를 펼친다
첫눈은 은하수로 반짝이다가 오로라 설원을 그리워 한다

눈은 소리의 길이에 따라 뜻이 달라지는 '비 음절 음운非分節音韻'이다. ❄눈:은 하늘에서 내리는 눈:을 뜻하며, 눈은 빛을 자극으로 받아들이며 눈을 맞추어 교감이 이루어지는 감각기관이다.
눈의 머리에 오는 "첫"이라는 음운에는 금세라도 사랑이 깃들 것 같은 설렘이 묻어있다.
"❄첫눈:"과 "첫눈"은 치환置換하여도 묘하게 접점이 와 닿는 사랑스럽고 정감이 오가는 단어이다.

첫눈은 은근한 기대감과 설렘으로 다가온다.
걸음마를 갓 시작한 외손녀의 ❄첫눈: 발자국에는 경이와 탄성이 담겨있다. 휴대전화가 없던 시절, 첫눈에 담은 인연끼리의 약속 날짜를 첫눈: 오는 날 남산타워나 서울역 광장 시계탑 등으로 정하여 첫눈 내리기를 손꼽던 낭만의 세대들도 있었다.

첫눈 내리는 날의 첫사랑

첫눈이 내리는 날 첫사랑을 만난다면 한 편의 동화가 될까?

필자는 로또복권의 확률일 듯한 그 '첫눈 첫사랑'을 시 한 수로 엮어서 한 폭의 그림처럼 노래해 본다. ❄첫눈:은 은하수가 되어 함박눈 거리를 거닐고 첫눈은 오로라가 되어 심장에 하얗게 쌓인다. 은하수처럼 짜릿하게 와 닿던 그 눈길은 짝사랑이 되어 '추억의 눈꽃'이 되었으며 첫눈에 심쿵하던 여신의 드레스는 신비의 설원 위에 '행복의 꽃눈'을 새겨 놓는다.
눈꽃은 추억이 되고 꽃눈은 행복을 새긴다.

은하수銀河水/the Milky way는 태양계의 지구에서 관측하는 우리 은하의 모습으로, 밤하늘의 천구에 투영된 우리 은하의 단면이 마치 은빛 강처럼 보이는 데서 유래한 명칭이다.

견우성과 직녀성 사이에 위치하기 때문에 서로 떨어진 견우와 직녀가 칠석七夕에만 까치와 까마귀로 이뤄진 긴 다리를 건너 만난다는 애달픈 설화가 있다.

실제로 은하수는 전갈자리와 궁수자리 사이에 위치한다.
북반구 기준으로 여름철에 보이는 은하수가 가장 밝고 폭넓게 보이며, 겨울철이 가장 어둡고 옅어 보이는데, 그 이유는 여름철 밤에는 우리 은하의 중심부를 바라보게 되고 겨울철 밤엔 은하의 바깥 부분을 바라보게 되기 때문이라고 한다. 가급적 관측에 영향을 주는 것들을 피하여 빛 공해가 없이 달이 뜨지 않아야 은하수를 관측할 수 있다. 그런 만큼 첫눈 보듯 설렘을 안고 바라보게 되는 은하수이다.
오로라는 로마신화에 등장하는 "새벽의 여신 아우로라Aurora"에서 유래한 이름으로 「새벽」을 상징하며, 마치 황홀하게 펼쳐지는 드레스의 모습을 띤다고 하여 「여신의 드레스」로 비유하기도 한다.

> 오로라는 우주에서 지구로 유입되는 하전 입자들이 고층대기의 기체들과 충돌하여 빛을 내는 현상이다. 지구 자기력선을 따라 대기로 낙하하는 하전 입자들(주로 전자)이 대기 중 원자 혹은 분자들과 충돌하면 이들이 들뜬 상태가 되는데, 이렇게 들뜬 기체들이 원래의 바닥 상태로 돌아가면서 빛을 방출하게 되는 것이다. 남반구와 북반구의 고위도 지방에서 주로 나타나며 각각 남극광 또는 북극광이라 부르기도 한다. 오로라는 고도 100km부터 320km 사이에서 주로 발생하며 자극을 중심으로 약 20° 떨어진 위도 대에 주로 분포한다. 태양 활동이 활발할 때는 남쪽으로 치우쳐 오로라가 분포한다. 오로라는 지구뿐만 아니라 목성, 토성, 천왕성, 해왕성에서도 흔히 관측된다.
>
> 다양한 색상의 오로라가 가능한 이유는 대기로 낙하하는 하전 입자가 대기 중에서 서로 다른 기체들과 충돌하기 때문이다. 고도 약 200km 이상에서는 가장 흔한 산소 원자와의 충돌에 의해 붉은색 오로라를 나타낸다. 100km 이하에서는 질소 분자와의 충돌로 보라색 오로라를 나타낸다. 100km 이상과 200km 사이에서는 산소원자와 질소분자와의 충돌에 의해 파란색 및 녹색, 심지어 자외선도 방출한다.
>
> – [네이버 지식백과] 오로라 [Aurora](천문학백과) 인용

※첫눈:은 그해 겨울에 처음으로 내려서 쌓인 눈을 말하며 지역에 따라 차가 심하고 해에 따라서도 들쭉날쭉한 차이를 보인다.
2023년 첫눈은 11월 7일에 소백산국립공원에서 관측되었는데 서울의 경우, 예년 평균 첫눈 오는 날은 11월 21일이라고 한다.

나날이 차가워지는 날씨에 자꾸 하늘을 올려다보게 된다.
설렘으로 기다리는 첫눈이 ❄첫눈:일까?, 첫눈일까?

'첫눈에 반할 날(A day of love at first sight)'이 기다려지는, 이 가곡 「첫눈」은 필자의 정감 서린 추억 타래에 오래도록 하늘을 올려다보며 천문을 연구해온 천문학자이자 걸출한 작곡자인 전) 카이스트 문화기술대학원장 구본철 교수의 뛰어난 감성이 더해져서 포근한 선율이 그려졌다.

거기에 언제 어디서 보아도 첫사랑일 것 같은 싱그러운 매력의 소유자인 K-Classic 세계화운영위원회 총감독인 소프라노 임청화 백석대학교 교수의 오로라 같은 음색이 더해져서 많은 이들의 감성에 눈꽃을 피워올리고 있다.

오연복 사진첩 「관입貫入」

향일암

오연복 시 / 안정모 곡/ Sop.김순영

Sop.김순영

햇살을 향하여 간다, 거친 바닷바람 휘저으며
어둠을 벗기면 세상의 두터운 등 껍질 등껍질
골 깊게 패인 거북들이 아침 나들이를 하는
향일암 좁다란 바위 대문을 지나서 간다

천년 물살은 기암절벽에 동백꽃을 수놓는데
너럭바위 등짝에 가슴골이 새겨진 새겨진
거친 발걸음이 숨소리를 고르는 언덕배기
해마저도 탈을 벗는 새 아침을 맞으러 간다

(후렴)
돌산갓 마을 등성이를 넘어 햇살이 푸르른
한려수도의 금오산, 어울 사랑 연리목을 찾아서

해맞이 길

12월은 갈무리의 달이다.
한 해 동안 정성 기울여 기르고 가꿔온 과실을 거두는 달이고, 낱알을 세어 풍흉을 따져보는 달이다.
저울추를 눈여겨보며 반성과 새로운 결기를 굳건히 다지는 달이다.
그토록 무더웠던 여름날을 모닥불에 욱여넣으며 토토톡 튀어 오르는 불꽃에 인생의 한 페이지를 살라야만 하는 무정한 달이기도 하다.
그 12월의 끝자락에는 진하디진한 아쉬움과 눈매 깊은 염원이 공존한다.
그 헛헛함과 그 간절한 이끌림에 의하여 저무는 해를 붙들게 되고, 밤 지새워 떠오르는 새해를 갈망하게 된다.
양력과 음력을 불문하고 한 해의 마지막 날 밤과 새해 첫날 아침에는 예사롭지 않게 결기를 세워가게 된다.
지난 한 해에 대한 미련이 남은 사람들은 해넘이 명소를 탐색하고, 그림자 밟아서며 앞날을 그려가는 사람들은 해넘이와 해돋이를 이어서 볼 망대를 찾고 새 희망의 빛을 갈구하는 사람들은 해돋이 명소에서 두 손을 모은다.
늘 떠오르고 지는 해(太陽)의 궤적이건만, 어찌 해마다 그맘때면 세상 방방곡곡에서는 나라와 인종 가리지 않고 "해"에 대한 경배가 깊어지는 것일까?
아마도 절대적인 존재에 의존할 수밖에 없는 나약한 인간의 불안정한 심상의 발현이요, 막연한 미래에 대한 두려움에서 비롯된 경외심의 작동이리라.

삼면이 바다이면서 백두대간이 등줄기를 이루고 있는 한반도에는 해돋이와 해넘이가 아름다운 명소들이 즐비하다.

대한민국 최동단 독도, 양양 하조대, 강릉 정동진, 동해 추암 촛대바위, 울산 간절곶, 지리산 천왕봉, 제주 성산일출봉 등이 대표적인 해돋이 명소이다.

그리고 대한민국에서 해돋이를 가장 빨리 볼 수 있는 곳은 경남 양산의 **천성산**으로 독도의 일출보다 1분여 먼저이고 내륙해안 일출이 가장 빠른 울산 간절곶보다는 6분여를 앞선다.

일출 · 일몰명소(출처 : 천문우주지식포털)

해넘이가 매혹적인 곳은 대체로 서해안 일원에 자리하는데 강화 석모도, 인천 정서진, 서울 마포 하늘공원, 안면도 꽃지해수욕장, 변산반도의 채석강과 람사르 습지인 **줄포만 노을빛 정원** 등을 꼽을 수 있다.

특이한 것은 같은 장소에서 해돋이와 해넘이를 함께 즐길 수 있는 곳들이 꽤 있는데, 광주 남한산성, 당진 왜목항, 서천 마량포구, 남해 다랭이마을, 여수 금오산 **향일암**, 해남 땅끝마을, 제주 군산오름 등이 있다.

해 바라기 암자, 향일암向日庵

해돋이와 해넘이를 한곳에서 한꺼번에 볼 수 있는 명소 중 첫손에 꼽히는 곳이 여수 금오산 향일암이다.

해를 향한 암자라 해서 향일암이라 한다니 밝은 해의 선한 영향력이 가장 클 것이며 해를 찾는 해☼바라기들이 무리를 이루어 몰려들 만도 하다.

향일암은 여수 남쪽 돌산도라는 섬에 자리하고 있다.
여수엑스포역에서 낭만포차거리를 거쳐 거북선대교를 건너거나, 국동항 수변공원과 남산공원 사이의 대교로를 따라 돌산대교를 지나면 돌산도에 들어선다. 17번 국도를 따라 남하하다가 죽포교차로에서 죽포리 방향 해안선으로 접어들어서 향일암로를 달리다 보면 돌산도 드라이브 코스가 나오는데, 온통 알싸한 녹색 빛 향연을 펼치는 돌산갓 마을이 눈길을 사로잡는다. 정감 넘치는 돌산갓 마을 굽잇길을 슬렁슬렁 돌아가다 보면 향일암 들머리인 임포마을에 다다른다.

2층 건물로 된 향일암 공용주차장에 주차하고 바로 위쪽으로 올라가면 나지막하지만 평평한 콘크리트 바닥의 탁 트인 일출광장이 마련되어 있어서, 뒤늦어 시간에 쫓기시는 분들은 가파른 언덕 위의 향일암까지 오르지 않아도 해맞이와 달맞이를 감상할 수 있다. 물론 좀 더 낭만적인 해 바라기라면 향일암 가람의 군데군데에서 암자 사이사이로 솟아오르는 햇살과 처마 끝 아스라이 잦아드는 해넘이를 탐구할 것이다. 나아가서 가릴 곳 없이 탁 트이는 시야가 압권인 관음전 전망대에 오르면 드넓은 바다에 영롱하게 여울지며 뜨고 지는 햇살을 경이롭게 영접할 것이다.

향일암 일주문을 향하는 길은 두 갈래가 있는데 한 길은 빙 돌아서 가는 인도이고, 또 한 길은 가파른 108계단을 오르는 길이다. 그중 계단의 길로 오르다 보면 '눈 가리고 귀 막고 코를 쥐고 입을 막는' 모습의 천진난만하고 익살스러운 아기 부처님들을 만나면서 절로 미소가 감돌게 되는데, 불현듯 삶의 이치를 되새기게 된다.
일주문과 등용문을 거치면 우람한 암벽 사이로 한 사람이 겨우 지나갈 정도의 좁다란 틈새를 더듬어가듯이 지나야 비로소 향일암 경내로 들어설 수 있는데, 모든 번뇌와 집착을 벗어 던지고 욕망의 무게를 가벼이 하여 통과하라는 해탈의 교훈을 돌이켜 보게 한다.

대웅전에서 관음전으로 가는 길도 역시 몸을 숙여 지나야 하며 거듭 겸손함이 배이게 한다. 관음전에 다다르면 전망대가 자리를 잡고 있는데, 탁 트인 남해가 세속의 잡념들을 무장해제 시킨다.

이제 동터 오르면 해제된 가슴은 오롯이 찬연한 햇살로 채워질 것이다. 그리고 붉고 긴 해그림자가 수평선에 자맥질하면 또다시 여명의 눈동자를 그리워할 것이다.

남해를 향하여 우람한 경전바위를 병풍석 삼아서 범상치 않은 위용으로 자리를 다진 향일암을 금오산이 감싸안고 있다. 금오산은 산의 형상이 마치 거북이가 경전을 등에 지고 용궁으로 들어가는 모습과 같다고 해서 "쇠 금金" 자와 "큰바다거북 오鰲" 자를 써서 금오산이라 하였다. 산의 크고 작은 바위 대부분에 거북의 등딱지 문양이 아로새겨져 있는데, 이는 쥐라기에서 백악기로 넘어갈 때인 소빙하기의 이상 기온으로 인한 화산 폭발과 분화에서 원인이 비롯되었으리라고 추정된다고 한다. 금오산의 거북 등딱지 문양에 기원하여 향일암을 금오암, 또는 거북의 영이 서린 곳이라고 하여 영구암이라고도 하였다.

남해 금산 보리암, 강화 낙가산 보문사, 양양 낙산사 홍련암과 더불어서 우리나라 4대 관음 기도처로 일컬어지는 향일암은 불교의 사찰로서도 귀중한 도량이지만, 해맞이와 해넘이의 명소로 더 잘 알려져서 해마다 수많은 인파가 모여드는 곳이다.

금오산의 신비한 절경에 일출과 달맞이가 연결되어 장관을 이루는 곳이라서 향일암과 그 일원이 여수시 문화재자료 40호이자 대한민국 명승 133호로 지정되었다.

향일암 일출(출처 : 여수시청 홈페이지

해마저도 탈을 벗는 향일암

거북 등딱지가 산을 이루고 드넓은 남해로부터 밀려오는 청량하면서도 맵찬 바닷바람이 속세의 찌든 때를 시원스레 씻겨낼 것 같은 향일암 경내에서는 불교 신자가 아닌 필자도 엄숙함에 젖어 든다.

햇살을 향하여 간—다 거친 바닷바람 휘저으며-
어둠을 벗기면 세-상의 두터운 등껍질 등-껍질
골 깊게 패-인 거북들이 아침 나들이를 하——는-
향일암 좁다란 바-위 대문을 지나서 간-다
– 「**향일암**」 1절 –

어둑한 새벽녘 일주문을 거쳐 좁디좁은 바위 틈새 길인 해탈문을 지나다 보면 거북 등딱지를 걸머진 금오산 바위들이 마치 필자의 해맞이길에 동행하는 듯하다.
어둠이 한 꺼풀 한 꺼풀 벗겨질 때마다, 무구한 연륜으로 등딱지에 깊은 골을 새겼을 거북들 앞에 드러나는 얄팍하고 부끄러운 세상의 등껍질!
해가 두둥실 떠오르기 전에, 거친 바닷바람에 필자조차도 어설프게 걸머지고 있는 오만한 허상의 껍데기를 창연한 바닷물에 벗어던지기를 갈구한다.

천년 물살은 기암절벽에 동백꽃을 수~놓~는데~
너럭바위 등짝에 가슴골이 새~겨진— 새~겨진
거친 발걸음이 숨소리를 고~르~는~ 언덕배~기~
해마저도 탈을 벗—는 새아침을 맞으러~ 간다
–「**향일암**」 2절 –

우리는 해를 보러 금오산 거북 등을 타고 타는데, 아침내 물살 아슴푸레 물들이는 햇살은 한려수도에 와서 마침내 '해의 탈을 벗어 던지고 해탈의 경지에 들겠다' 한다.

돌산 갓마을 등성이를 넘~어 햇살이 푸르른
한려수도의 금~오~산~ 어울사랑 연리목을 찾~아서
–「**향일암**」 후렴구 –

돌산갓 마을은 남다른 풍취로 잘 알려진 곳이다.
알싸한 갓의 향미로 식도락가들의 입맛을 사로잡았고 갓김치 하면 여수 돌산갓이 떠오른다. 그 돌산갓 마을 등성이를 넘어서 향일암의 가파른 언덕길을 꾸역꾸역 올라 해 맞이를 한다.

기암절벽 아래로는 천년 물살이 하얀 포말에 동백꽃을 실어 나르고 해수관음상 곁의 연리목은 후박나무와 동백나무 뿌리가 잇닿아 맺어진 연리근의 인연으로 남다른 사랑을 키운다. 예사롭지 않은 해의 성전에서 매일 아침 '해조차도 탈을 벗으며' "해탈"을 꿈꾼다.

그곳이 해마저도 탈을 벗는 향일암이다.

향일암 동자불(한국관광공사 제공)

행복한 결혼

오연복 시 / 김현옥 곡

M–Sop.이아경 , Bar.양진원

M–Sop.이아경

Bar.양진원

오늘을 오늘을 오늘을 향해 걸어왔어요
두 길이 만나서 꽃길을 이룰 때까지
지나온 길마다 풍경은 다르지만
살아온 세월에 무늬는 다르지만
그대를 그대를 그대를 향해 살아왔어요
타고난 인연이 하나 되는 날 그리며
한평생 행복으로 펼쳐요, 한평생 둘이서

애태운 날들은 살갑게 보듬어요
푸르른 미래를 정답게 만들어요
토라져 있을 땐 서로가 안아주면서
힘든 일 생길 땐 포근히 위로해요
한결같은 맘으로 멋진 인생 가꾸면서
둘이서 한세상 사랑으로 펼쳐요
한평생 행복으로 펼쳐요, 한평생 둘이서

※ 이 가곡은 2020년 2월에 M-Sop. 이아경 교수가 노래하였고
2024년 10월에 Bar. 양진원 교수가 Remake 하여 Cover song으로 나왔음.

인연의 꽃

결혼은 한자로 '맺을 결結' 자와 '혼인할 혼婚' 자로 이루어진 말이다. "결結"은 가는 실을 뜻하는 사糸와 상서로움을 나타내는 길吉이 어우러진 글자로 '실을 잇대어 매듭짓다.'는 뜻을 지니고 있으며 "혼婚"은 '혼인婚姻의 본딧말'이다. "혼인"이라는 말은 '부부의 연을 맺다', '남자와 여자가 예를 갖추어 부부가 되다'라는 말로서 '남녀가 정식으로 부부 관계를 맺다'로 풀이되는 "결혼"과는 뉘앙스가 약간 다르다. 혼인이라는 말 속에는 남자와 여자가 대등한 관계로 맺어짐을 내포하고 있지만, 결혼이라는 말은 '남자가 여자에게 장가가다'라는 일방통행식의 조어造語로서 여자를 부차적으로 대하며 은근한 낮춤의 느낌이 깔려있다.

"결혼"의 역사적인 내력을 살펴보면, 몽골의 지배를 받던 고려 시대에 몽골에 보낼 공녀를 차출하던 우세스러운 기관인 「결혼도감結婚都監」에서 유래를 엿볼 수 있지만, 그 배경이 남사스러워서인지 일제 강점기 이전에는 결혼이란 말보다는 '혼인婚姻', '가취嫁娶', '혼례婚禮', '성혼成婚', '가약佳約' 등을 더 자주 사용했다. 그러던 용례用例가, 일제 강점기를 거치면서 서양 빛깔 왜색倭色이 깃든 "결혼"이라는 말로 권장되어 많이 쓰이기 시작했다. 서양 문물에 일찍 눈 떠 동아시아의 근대화를 주도하던 일본이 '계약', '결합', '약조'의 의미가 수반된 서양의 매리지marriage, 웨딩wedding 등의 영향을 반영하여 '두 집안의 결합 · 두 남녀의 결합'이라는 의미가 강한 "결혼"이라는 말을 보편화하였다.

[국가유산진흥원 자료 발췌]

언어는 사회적인 변천을 거듭하면서 모양새와 쓰임새가 새로 나거나 다듬어진다. 외래어와의 혼용, 축약형의 조어, 은어의 고착화 등 때에 따라서는 생뚱맞거나 음운 조화가 어울리지 아니하더라도 널리 쓰여 그 뜻이 대중화된다면 그 시대의 통용어로 작동하기도 한다. 그런 맥락에서 "결혼"이라는 말이 원래의 의미에서는 "혼인"에 비하여 남녀 간 배려나 존중에서 차이가 있다고 하더라도 사회 언어로서 보편화된 현실을 감안하면 그대로 수용하여도 별문제는 없다고 본다.

본질은, 단어에 함축된 뜻보다는 결혼으로 맺어지는 순간부터 서로가 배려하고 존중하며 믿음과 사랑으로써 가정을 이루어가는 것이 더 중요하지 않겠는가?

새겨보건대 "결혼"은 '남자와 여자가 혼인으로써 잇대어 매듭을 이룬다'는 뜻의 성어成語이다. 옛날에는 가문과 가문의 결합이라는 의미에 치우쳐서 조부모나 부모가 혼처를 미리 정하여 짝을 지우기도 하였지만, 근대 이후로 자유연애가 자연스러운 흐름을 이루면서 결혼 당사자의 선택이 매우 중요하게 작용하게 되었다. 배우자를 결정하는 중대하고 신성한 일로써 당사자 결정권 행사는 지당한 일이다. 결혼이라는 신성한 '맺어짐'에 앞서 은연중에 깃드는 것이 '이끌림', '잇닿음'이다.

필자는, 서로의 이끌림이 잇닿아서 서로의 눈빛이 잇닿고 서로의 마음이 잇닿고 서로의 믿음이 잇닿고 서로 바라보는 곳이 잇닿고 실마리를 풀어가는 손길이 잇닿고 실타래를 엮어가는 호흡이 잇닿을 때 '연분'이라 이름한다.
"천생연분天生緣分"은 '잇닿음으로 연분을 피운 인연의 꽃'이다. 그 천생연분의 사전적인 정의는 "하늘에서 미리 정해 준 것처럼 꼭 맞는 부부 인연"이다.

'부부의 인연'은 수천 겁의 인연이 쌓여서 이루어진다고 한다. 불교에서의 "겁劫"은 '천지가 개벽한 때부터 다음 개벽할 때까지의 동안'이란 뜻으로서 수치로 나타내기에는 버거운, 매우 길고 오랜 시간을 이르는 말이다. 그 까마득

한 여정을 날고 날아서 애태워 기다리던 임의 품에 살포시 내려앉아 꽃을 피우는 결혼 - 그 얼마나 고귀하고 거룩한 의식인가? 그러므로 결혼으로 이루는 가정 - 그 자체가 인생에 있어서 가장 신성한 전당殿堂이다.

그런데 녹록지 않은 삶의 굴레에 끼어서 신성한 전당인 가정에 불협화음이 빚어지고 배우자를 홀대하거나 상처를 가하는 일이 적지 않게 일어나니 가슴 아픈 일이다. 겁이라는 무량無量의 시간을 애태워서 만난 사이임을 헤아린다면 서로 아름다운 눈빛만 주고받으며 살기에도 턱없이 짧은 인생이다. 기독교에서도 "무량의 시간"은 '하나님의 무한성無限性, 즉 한량없는 완전성'이라 하여 가히 성스럽고 신비한 시간으로 여긴다. 하나님의 무한성, 그 성스럽고 신비함에 인연이 깃들어 꽃을 피우는데 어찌 결혼 생활을 허투루 할 수가 있겠는가?

한량없는 완전성으로 자신에게 찾아온 숭고한 인연의 꽃을 항상 조심스레 살피고 살갑게 보듬어갈 때 삶의 열매는 아름답고 튼실하게 맺어지리라.

시집가다 · 장가들다

혼사婚事에 있어서 여자는 '시집간다'라고 하고 남자는 '장가든다'라는 표현을 한다.

여기에서 "장가들다"를 살펴보면 '장가丈家, 즉 장인丈人 · 장모丈母의 집인 처가에 들어간다.'가 되는데, 이는 고구려 때 행해지던 데릴사위제가 고려를 거쳐 조선 시대 후기인 100여 년 전까지 이어진 명맥의 잔재에서 유래되었다는 설이 있다.

『고구려에서는 「서옥제壻屋制 : 사위 집 풍습」이 있었는데, “혼담이 정해지면 신부 측에서 본채 뒤에 서옥이라는 작은 별채를 짓는다. 날이 저물면 신랑이 신부의 집 문밖에 이르러서 자신의 신분을 밝히고 무릎 꿇어 절하면서 ‘신부와 함께 자겠노라!’ 두세 번 고하면 신부의 부모는 청을 들어 동침을 허락한다. 그리하면 신랑은 돈과 폐백을 가지런히 하여 예를 갖춘다. 그 후로 자식을 낳아서 자라게 되면 부인과 본가로 돌아간다.”고 하였다.』

[출처:삼국지 위지동이전]

「**장가가고**」(신랑이 말을 타고 신부집으로) / **김준근 작**(국립민속박물관)

중종실록을 보면 신사임당의 남편 “이원수”가 혼인한 뒤 한동안 강릉 처가에서 살았다는 기록이 있으며 근대문학에서는 데릴사위제의 어긋난 단면도 엿볼 수 있는데, 김유정의 단편소설 「봄봄」에서는 심성이 음흉한 “봉필”이 자신의 딸 점순이를 미끼로 순진한 사람을 데릴사위로 삼을 것처럼 꾀어서 수년 동안 노동력을 교묘히 착취하는 내용이 다루어지고 있다.

『조선 시대에는 데릴사위제 등 일부 습속이 이어지기도 하였지만, 유교의 영향으로 남성 중심의 가부장적 의식이 사회화하면서 혼례도 신랑 가문이 중심이 되는 형태로 변화하였다.

주자가례朱子家禮가 규범화되면서 혼례문화는 고유의 풍습과 충돌이 잦았지만, 혼약 후 신랑이 장가丈家에 가서 결혼식을 거행하고서 자기 집으로 동행하는 친영親迎 문화가 생겨났다.』

[출처:한국민속대백과사전]

「**시집가고**」(신부가 사인교 타고 신랑집으로) / **김준근 작**(국립민속박물관)

「자가自家」 결혼식 모습은 근대에도 이어졌는데, 신랑이 사모관대 차림으로 말을 타고 신부의 집으로 가서 원삼 입고 족두리 쓴 신부와 차례상 앞에 마주하여 백년가약을 맺는 것을 1970년대까지도 볼 수 있었다. 그러다가 「예식장」이 생겨나고 양장洋裝이 대중화되면서 신랑은 양복을, 신부는 웨딩드레스를 입고 주례 앞에서 혼인 서약을 하는 혼례가 1970~1990년대에 대세를 이루었다. 한때 부유층이나 유명인 혼사에서 촉발된 허례허식과 호화판 결혼식이 물의를 일으키자, 정부에서 〈가정의례준칙〉을 발표하면서 결혼식의 간소화가 물결을 타기도 하였다.

2000년대 이후로는 「웨딩홀」 결혼식이 주류를 이루면서 '웨딩 매니저 · 웨딩 플래너 · 웨딩 디렉터 · 웨딩 컨설턴트'라는 직종이 생겨났으며 '스드메'로 약칭되는 스튜디오 · 드레스 · 메이크업 등의 패키지화로 고가의 대관료와 더불어서 예식 비용에 거품을 일으키기도 한다.

최근에는 정형화한 예식에서 탈피하여 '주례 없는 예식'으로 유니크한 멋을 창출하거나, 개성 추구 · 실속 지향형의 '작은 결혼식', 결혼 전반을 스스로 연출하는 '3S(Small, Secret, Self) 웨딩', '야외 결혼식' 등이 예쁘게 치러지기도 한다.

잇닿음

결혼은 잇닿음이다. 마음이 잇닿고 몸이 잇닿아서 보람차게 자녀와 잇닿는 것이 결혼이다. '한 이불을 덮는다.'라는 말이 있는데, 그 말속에는 부부의 권리와 의무가 함께 들어 있다.

결혼이라는 단어에서 "혼婚"의 한자를 풀이하면 '여인女' 곁에 '저물 혼昏'이 들어섰는데, 이는 어둑어둑해지는 시간이 여인에게 기대는 모양새로 '부부의 은밀한 잇닿음'을 은유하면서 혼인의 본뜻을 잘 형상화한 것이다.

예사롭지 않은, 남다른 인연으로 맺어진 사이가 부부이다. 서로 다른 환경에서 자랐기에 가풍이 다르고 지녀온 품성이나 재능이 다를 수도 있을 것이다. 그렇기에 서로가 맞추어 주고 맞추어 살면서 퍼즐을 완성해 가는 것이 인생의 묘미이다. 서로 완전할 수 없기에 반쪽의 빈 곳을 채워줄 배우자가 필요한 것이다. 하나가 되어가는 길이 허전하지 않도록 서로가 안아주면서 한결같이 포근한 마음으로 정답게 살아갈 때, 행복한 결혼의 퍼즐은 멋스럽게 완성되리라.

인연을 귀티나게 표현하는 명언들이 있어서 옮겨본다.

"

"우연은 지나가는 바람이지만, 인연은 머무는 별빛이다."
"사람은 인연으로 만나고 믿음으로 이어지며 사랑으로 하나가 된다."
"옷깃만 스쳐도 오백 겁의 인연이라는데, 부부는 칠천 겁의 인연이 닿아야 한다.

YH & SH(The Venue G Seoul / 2025)

제3부

부다페스트 아리랑

갓밝이

꽃무릇

눈물만 남는답니다

부다페스트 아리랑

소 한 마리 키워보세요

세월 정거장

유치원과 노치원

이쑤시개

갓밝이

오연복 시 / 임우상 곡 / Sop. 김순영

Sop.김순영

큰 물결 너울 탄 풀등에 이랑 진 흰여울
고갯마루 어스름 찬 이슬에 세월을 덮네
새날 아침 종달새 메아리는 희망 갓밝이
올해에는 꿈 날이겠네, 봄날이겠네
새날에는 웃음꽃 피겠네, 희망 꽃 피겠네

모퉁이 돌아온 길섶에 눈 밟힌 가랑잎
섣달그믐 푸른빛 설레임에 가슴을 덮네
설동백 왕관 꽃은 온새미로 사랑 갓밝이
올해에는 꿀 날이겠네, 나비춤 추겠네
새날에는 웃음꽃 피겠네, 사랑 꽃 피겠네

(후렴)
갓밝이 갓밝이 갓밝이, 고운매 갓밝이
갓밝이 갓밝이 갓밝이, 다솜이 갓밝이

순우리말로 빚어낸 여명의 노래

"갓밝이"는 '밝다' 앞에 '지금 막'이라는 뜻을 가진 꾸밈말 '갓'이 붙어서 이루어진 말로써 한자어로는 "여명黎明"으로 일컫는다.

샐녘, 새벽녘, 날 샐 무렵, 동틀 무렵 등과 등속等屬의 뜻을 지닌다.

곧, 날이 막 밝을 무렵을 나타내는 말로 새날, 새 희망이 움트는 설렘의 시간이다.

필자는 "갓밝이"를 해가 바뀌는 연말연시, 즉 세밑 세시에 배치하여서 순우리말을 지향한 노랫말로 '해 바뀜의 설렘과 바람'을 묘사하였다.

큰 물결 너울 탄 풀등에 이랑 진 흰여울
고갯마루 어스름 찬 이슬에 세월을 덮네
새날 아침 종달새 메아리는 희망 갓밝이
올해에는 꿈 날이겠네 봄날이겠네
새해에는 웃음꽃 피겠네 희망 꽃 피겠네
– 「**갓밝이**」 1절 –

지난 한 해 동안 거친 파고로 이랑 진 풀등의 세월을 고갯마루 어스름 찬 이슬로 덮어가며 종달새 메아리로 희망의 새 아침을 노래한다.

"풀등"은 평소에는 바닷물 밑에 잠겨 있다가 썰물 때만 드러나는 널따란 모래사장이다.

서해안 옹진군 대이작도 풀등은 무려 47만여 평에 이르는 광활한 모래섬이라고 한다.

승봉도 여행 중 사승봉도 일원 풀등의 밀물과 썰물 모습을 그윽이 눈에 담았던 필자는, 썰물 때를 세밑에 비유하여 이랑 진 한 해의 세월을 덮어가며 치유하기를 소망한다.

그런 다음에 맞이하는 새날 아침은 꿈 날이고 봄날이며 웃음꽃과 희망 꽃이 피리라고 믿는다.

조선 숙종 때 영의정을 지낸 약천 남구만의 시조로 알려져 있으며 청구영언에 수록된

> "동창이 밝았느냐 노고지리 우지진다
> 소치는 아이는 상기 아니 일었느냐
> 재 너머 사래 긴 밭을 언제 갈려 하느니"

에서 등장하는 노고지리가 종다리, 바로 종달새다.

아침을 깨워가며 희망을 노래하는 예쁜 토종 새이다.

대이작도 풀등(옹진군청 사진 자료)

모퉁이 돌아온 길섶에 눈 밟힌 가랑잎
섣달그믐 푸른빛 설렘에 가슴을 덮네
설동백 왕관 꽃은 온새미로 사랑 갓밝이
올해에는 꿀 날이겠네 나비춤 추겠네
새날에는 웃음꽃 피겠네 사랑 꽃 피겠네
–「**갓밝이**」 2절 –

지나온 길 가장자리를 덮고 있는 가랑잎에 어찌 사연 하나쯤 없으랴! 한 해를 뒤돌아보면 발길 스치어 아롱진 사연들이 가랑잎처럼 뒹굴 때가 있다.

아롱아롱 아롱진 나날들일랑 처연한 섣달그믐날 밤에 덮어두고서, 새해를 축원하듯이 새하얀 눈 속에서 오롯한 왕관처럼 피어난 동백꽃을 보며 사랑을 노래한다.

달콤한 꿀이 흐를 것 같은 새날에 나붓나붓 나비춤을 추면서 웃음 가득한 사랑 꽃이 피어나기를 소망한다.

갓밝이 갓밝이 갓밝이 고운매 갓밝이
갓밝이 갓밝이 갓밝이 다솜이 갓밝이
–「**갓밝이**」 후렴 –

그래서 새날 새 아침은 곱디고운 맵시로 사랑스럽게 밝아온다.
갓밝이는 웃음꽃 피어나는 희망이고 사랑이다.

필자의 노랫말에 옷을 입혀준 작곡가는 계명대학교 공연예술대학장을 역임한 임우상 교수이다.
그리고 한세대학교의 Sop. 김순영 교수가 호소력 짙은 음색으로 새날의 새 희망을 노래하였다.

발표 당시에, 필자는 가곡 "갓밝이"가 좀 더 경쾌한 리듬을 탔다면 어땠을까 하는 아쉬움이 있었지만, 오랜 세월 가곡의 선율에 익숙해진 작곡가와 제작자의 평은 '부르는 가곡'보다 '듣는 가곡'으로 더 어필할 수 있다는 소견을 보였었다.

"KBS열린음악회"를 비롯하여서 여러 방송에 자주 출연하여 대중들에게 친숙하게 다가선 Sop.김순영 교수의 호소력 짙은 "갓밝이"를 들으면서, 동쪽에서 발현하여 봄을 대표하며 용맹함과 지혜로움을 상징한다는 2024년 청룡의 해를 희망차게 열어가시기를 소망하여 본다.

튀르키예 파묵칼레 Hierapolis-Pamukkale**의 여명**(필자 사진)

꽃무릇

오연복 시 / 이종록 곡 / Ten.김래주

Ten.김래주

잇닿을 수 없는 사랑
서러워서 갈래갈래 서리는 혈흔
허무한 그리움으로 틔운 싹이여
속절없는 꽃대를 치켜 올려
꿈결로만 품어보는 아릿한 그대여

저민 가슴 선혈로 터트려
하늘 향하여 소슬히 내어 뻗는 촉수로
비련의 화광을 두른 채
등 뒤로 서리는 사랑을
해탈의 갈피로 산화하는 그대여

비운의 외사랑이여
그대 그림자 밟아가는
잎 새 돋을 때마다
처연한 여인의 속 울음을 아는가
켜켜이 사무치는 숙명의 까치발을

꽃무릇石蒜

감미로운 산들바람이 9월의 중턱을 스치면 꽃무릇이 선홍빛 꽃바다를 펼쳐 간다. 그 황홀한 꽃물결은 가으내 출렁이다가 11월 문턱이 보이면 홀연히 자취를 감추고 뒤이어 새잎이 돋아나서 겨울나기를 한다.

잎과 꽃은 함께하지 못한 채 숨바꼭질하듯 평생 서로의 뒷그림자만 밟으며 살아간다.

그리하여 그 애틋한 꽃말은 "이룰 수 없는 사랑"이란다.

오작교조차도 없는 사랑은 사촌지간인 상사화相思花도 마찬가지다. 둘의 차이는 '꽃 형상 및 색깔'과 '개화 시기','잎과 꽃의 발생 선후'에 따라 구별된다.

상사화 꽃은 4~8송이의 꽃이 뭉쳐서 한 꽃대를 이루어 만개하면 꽃술이 옆으로 펼쳐지지만, 꽃무릇은 하나의 꽃대에 산형꽃차례(꽃대에 많은 꽃이 방사형으로 달려서 끝마디에 꽃이 하나씩 붙음)를 이루며 꽃술이 하늘 향하여 펼쳐진다. 상사화 꽃은 연보라색이거나 노란색인데, 꽃무릇은 불타는 듯한 선홍색이다.

상사화는 대체로 7월 말이면 꽃이 피지만, 꽃무릇은 9월 중순쯤 개화한다.

상사화는 잎이 먼저 돋아나 성장을 마쳐서 시들어 떨어진 후에 꽃이 피지만, 꽃무릇은 꽃이 흐드러지게 피었다 진 뒤에야 잎이 나온다.

꽃무릇과 상사화는 고즈넉한 자연경관을 품고 있는 불교 사찰과 어우러져서 군락을 이루는 경우가 많다. 이러저러한 설들 가운데 굳이 하나의 까닭을 찾는다면, 꽃무릇의 요긴한 쓰임새를 들 수 있다.

알뿌리로 번식하는 여러해살이인 꽃무릇의 뿌리에는 독성 강한 방부 성분이 있어서 뿌리에서 낸 즙을 물감과 섞어서 탱화를 그리거나 단청하면 좀이 스는 것을 방지하고 오래도록 색이 변하지 않는다고 한다.
또한, 꽃무릇 알뿌리에서 전분을 채취하여 종이를 붙이는 풀로 쓰거나 제본 접착제로 활용하였는데 라이코펜 성분이 함유되어 천년이 지나도록 좀이 슬지 않는다고 한다.
뛰어난 인쇄술로 전 세계의 이목을 끄는 한민족의 인쇄 문화는 불경 출판이 그 시원을 이루고 있으니, 그 한편에서 꽃무릇도 한몫 거들지 않았을까?

꽃무릇과 상사화가 크게 무리 지어 장관을 이루는 곳으로는 한반도 최초의 불교 도래지인 전라남도 영광 불갑사를 비롯하여 전라남도 함평 용천사, 전라북도 고창 선운사 등이 3대 명소로 꼽힌다.
그 외 전라북도 순창 강천사, 울산 대왕암 공원, 대구 꽃무릇길과 근래에 조성되어 2023년 9월에 제1회 상사화 축제를 연 서울특별시 마포구 난지도의 난지테마관광숲길 등도 추천할 만하다.

꽃무릇과 상사화에는 불가의 스님과 관련한 설화가 전해오는데 꽃말처럼 이룰 수 없는 사랑, 즉 짝사랑에 대한 것들이다.
애틋하고 안타까운 사랑이지만 사촌지간인 두 꽃에 얽힌 이야기의 주인공이 서로 달라서 한편으로는 설핏 미소가 떠오르기도 한다.

상사화의 전설은, 불로초를 구하러 조선에 온 중국의 아가씨가 깊은 산중의 토굴에서 수도 정진하던 젊은 스님에게 반하여서 사랑 고백을 하였으나 냉정하게 거절당한 후 슬픔에 겨워 죽어갔는데 수도를 마친 스님이 나중에 그 죽음을 알고서 자신의 허물을 탓하며 죄책감에 괴로워 하다가 따라 죽었는데, 그 이후 스님이 수도하던 토굴 앞에 젊은 스님의 기상처럼 늠름한 잎이 피었다가 시들고 나면 그리움의 목을 치키듯 긴 꽃대가 올라와 수줍은 아가씨 얼굴처럼 발그레한 꽃을 피웠는데 아름다운 아가씨의 이룰 수 없는 사랑의 화신이라며 가엾이 여겨 상사화라고 부르게 되었다고 한다.

꽃무릇의 전설은, 깊은 산속 산사에서 젊은 스님이 수행 정진에 몰두하고 있을 때 어느 아리따운 처녀가 불공을 드리러 왔는데 젊은 스님이 그만 그 미모에 미혹되어서 수행을 거두고 식음을 전폐하며 상사병에 걸려 죽자 노스님이 이를 불쌍히 여겨서 양지바른 언덕에 묻어주었는데 그 무덤에서 낮모를 풀이 돋아나더니 싹대를 길게 올려서 불타는 듯한 선홍색 꽃이 피어올랐기에 짝사랑으로 죽은 스님의 넋이 환생한 것으로 여겨 석산(꽃무릇)이라 불렀다고 한다.

꽃무릇 石蒜

지극한 짝사랑을 죽음으로 고백한 그 안타까운 전설이 가곡의 선율을 타고 노래로 태어났다.

필자가 2021년 가을 불갑사 꽃무릇의 물결에 파묻혀서 써낸 시에 전북대학교 음악대학장을 지낸 이종록 작곡가가 곡을 붙여서 테너 김래주의 애잔한 목소리를 통해 선홍빛 꽃무릇을 엮어내었다.

필자의 가곡 중 “부다페스트 아리랑”과 더불어서 가장 가슴 후비듯 하는 노랫말에 애처로운 가락이 입혀졌다.

눈물만 남는답니다

오연복 시 / 이수정 곡 / Ten.정준영

Ten.정준영

한 번 더 돌아볼까 미련 남거든
지난 세월을 먼발치에서 살펴보세요
가슴에 초라한 아쉬움 하나 떠돌면
지친 발걸음이 가벼이 걸어질까요
가버린 사랑에 눈물만 남는답니다
가버린 사연에 눈물만 남는답니다

아련히 사무치는 아쉬움 있어도
지난 세월을 애처롭게만 바라본다면
당신 가슴에는 멍울만 남는답니다
가슴 아프다고 되풀이하지 마세요
가버린 사랑에 눈물만 남는답니다
가버린 사연에 눈물만 남는답니다

세월이 접히는 달

유월은 남세스러운 달이다
유월의 하늘은 높고 유월의 바다는 깊다
비탈 아래 골짜기는 싱그런 잎새 그늘막에 홀짝홀짝 깊어가고
꺾이는 듯 버티는 듯 아름아름 여울지는 햇살 아래
바다 이랑은 높아만 간다
그 하늘과 그 바다에 세월의 날개가 파닥거린다
세월이 접히는 달!
펼치는 나래에 깊은 물길로 젖어만 가는 유월!
망망한 꿈이려니 하다가 설마 꿈일까 다시 깨는 골 깊은 하늘거림

세월의 길목에 희비애락 덧보인다
세월 징검다리에 구곡간장이 얼비친다
어쩌다 유월이 치매를 마주할라치면
까막까막 하얀 여백 사이에서 멈칫멈칫 눈물이 묻어난다
그래서 세월은 각인이 찍히는 수모를 감당하기도 한다
나날의 편린에 새겨진 가슴앓이라지만
계단을 한 발짝 한 발짝 오르는
등 굽은 노인네의 치열한 발걸음이
몸부림하며 낙장에 찍어내는 스키드 마크!

– 「**세월이 접히는 달** / 오연복」 전문 –

우리 민족의 6월은 유난히 많은 아픔으로 점철된 비통의 달이다. 물론 6월의 언저리에도 굴곡의 역사는 애통하게 얼룩져 있다. 4월에는 단일 사건으로는 6.25 한국전쟁 다음으로 많은 희생자를 발생시킨 제주 4.3 사건이 가슴 저린 밑줄을 빨갛게 긋고 있다.

제1공화국 시기인 1947년 3월 1일에 제주도에서 기화奇禍하여 1948년 4월 3일에 큰 소요가 일었고 1954년 9월 21일까지 가혹하게 이어진 무력 충돌과 진압 과정에서 당시 미군정과 대한민국 정부, 그리고 이를 상대하던 남조선로동당 세력들에게까지 민간인들이 학살당한 사건이다.

일가족 전체가 몰살당하거나 학살이 자행되는 와중에 육지로 도피한 사람들이 있었고 살아남았더라도 트라우마로 인해 신고조차 하지 못한 경우도 허다하기에 총희생자 수를 정확히 집계할 수 없지만, 제주도민의 최대 8분의 1이 죽거나 행방불명된 것(3만 명에서 최대 8만 명)으로 추정되는 오욕의 민족적 참화이다.

역사의 어긋난 수레바퀴는 5월도 짓밟았다.
1980년 전두환의 신군부 세력에 의한 5.17 비상계엄 전국 확대 조치로 야기된 헌정 파괴와 민주화 역행에 맞서서 1980년 5월 18일부터 5월 28일까지 광주 시민과 전라남도민이 중심이 되어 조속한 민주 정부 수립, 전두환 보안사령관을 비롯한 신군부 세력의 퇴진 및 계엄령 철폐 등을 요구하며 광주민중항쟁을 전개하였다.

신군부는 사전에 시위 진압 훈련을 받은 공수부대를 투입하여 폭력적으로 진압하면서 수많은 시민이 끔찍하게 희생되었다.
이후 울분에 몸부림치며 무장한 시민군과 계엄군 사이에 교전이 벌어져 사상자가 속출하였다.
군부의 철저한 언론 통제로 대한민국 내에서는 잘 알지 못하도록 엄폐된 깜깜이 사태였는데 독일 제1공영방송 ARD의 위르겐 힌츠페터 기자가 그 참상을 세계에 처음으로 알려서 실체가 드러나게 되었다.

대한민국 민주화 운동의 표상으로서 1995년 "5 · 18민주화운동 등에 관한 특별법" 제정으로 희생자에 대한 보상 및 희생자 묘역 성역화가 이뤄졌고,

1997년에 [5.18민주화운동]을 국가기념일로 제정해 1997년부터 대한민국 정부 주관 기념행사가 열리고 있다.

이 사건을 모티브로 하여 ≪꽃잎≫, ≪화려한 휴가≫, ≪26년≫, ≪택시운전사≫ 등의 영화가 만들어졌다.

2024년 대한민국 최초로 노벨 문학상을 받은 한강 작가의 소설 ≪소년이 온다≫도 5.18민주화운동을 바탕으로 한 작품이다.

5.18 민중항쟁 추모탑

임이 행진하는 유월

6월은 호국보훈의 달이다.

교육부의 설명에 의하면 "6월 6일이 현충일로 지정된 것은 벼와 같이 수염이 있는 곡식의 종자를 뿌리기에 적당한 때인 망종과 관련이 있다."고 한다.

필자의 소견을 덧붙이자면, 이십사절기의 하나인 망종芒種은 6월 6일 무렵으로 이맘때가 되면 보리는 익어 수확, 즉 망종亡終하고 이어서 모를 심게 되어 흙에 생명의 경계가 접히는 시점이라서 산자가 망자를 기리는 적기로 여겨서 정한 것이 아닌가 싶다.

예로부터 국가를 지킨 영웅들에 대한 예를 갖추는 일은 망종에 진행하기도 하였다.

그렇기에 많은 인명이 희생된 6.25 한국전쟁이 발발한 달이기도 한 6월에 [현충일]을 자리매김한 것은 마땅하다 할 것이다.

1950년 6월 25일 우리 민족의 역대 전쟁 참상 중 가장 큰 피해가 발생한 [한국전쟁]에서 한국 군경 62만여 명, 유엔군 15만여 명 등 도합 77만여 명이 사망이나 실종 및 상해를 입었으며 당시 전사자 중 상당수는 유해를 찾지 못하였고 아직도 유해 발굴 작업이 진행 중이다.

6월은 국토 수호를 위해 희생된 영령과 더불어 민주주의를 쟁취하기 위한 운동 및 사회 일각의 부주의로 희생된 수많은 넋이 잠들어 간 달이다.

그래서 6월은 '희생을 기리는 넋'인 "임"을 위한 행진이 끊이지 않는다.

군부독재 전두환 정권이 모든 개헌 논의를 금지하고 간선제, 즉 체육관 선거를 유지하고자 감행한 4 · 13 호헌 조치와 부천경찰서 성고문 사건(1986.6.6), 박종철 고문치사 사건(1987.1.14.), 그리고 이한열 최루탄 피격 사건(1987.6.9.) 등이 도화선이 되어 1987년 6월 10일부터 6월 29일까지 전국적으로 반정부 시위를 펼친 [6.10 민주항쟁]이 일어났다.

6.10 민주항쟁은 대한민국의 민주화에 큰 영향을 끼쳤고, 사회 운동이 비약적으로 발돋움하는 효과를 가져왔으며 노태우의 6.29선언을 촉발하여 대통령 직선제로의 개헌이 이루어졌다.

1999년 6월 15일에는 조선인민군 해군 경비정이 연평도 서쪽 NLL을 2km 침범하여 대한민국 해군 함정과 조선인민군 경비정 간의 무력 충돌로 [제1연평해전]이 벌어졌다.
이때 대한민국 장병 7명이 부상당했으며 조선인민군 해군의 경비정 1척 침몰, 5척 파손, 사상자 50(전사 20, 부상 30)여 명이 발생하였다.
2002년 6월 29일에 대한민국 서해 연평도 부근 북방한계선(NLL) 북서쪽 방향 일대에서 조선인민군 해군 경비정의 전차포 선제 포격 도발로 [제2연평해전]이 일어났다.
그 결과 대한민국 해군 함정이 격침되었고 장병 6명 전사, 18명 부상의 참상이 있었으며 조선인민군 해군 함정 파손, 전사 13명, 부상 25명이 발생하는 분단 비극의 사태가 벌어졌다.

2019년 5월 30일 오전 4시(헝가리 시간 29일 오후 9시) 헝가리 부다페스트 다뉴브강에서 한국인 33명과 헝가리인 승무원 2명 등 총 35명이 탄 유람선 허블레아니호가 크루즈 선박과 충돌 후 전복되어 침몰하는 사고가 일어났다.
유람선 탑승 한국 여행객들은 6월 2일에 귀국할 예정이었는데, 여행객 중 7명만 구조되었고 한국인 25명과 헝가리인 2명이 사망하였으며 사고 당일~7월 30일까지 수색하였으나 끝내 실종자 1인은 수습하지 못하였다.
이에 필자는 「부다페스트 아리랑」이라는 시를 써서 가곡으로 만들어 불귀의 객이 된 영령들을 위무하였다.

1999년 6월 30일 새벽에는 경기도 화성시 서신면 "씨랜드청소년수련원"에서 불이 나 여름 캠프를 차렸던 서울 송파구 소망유치원생 19명을 포함해 모두 23명이 숨졌다.
참사가 났던 수련원 건물은 컨테이너를 쌓아 올린 임시 건물로 스프링클러나 소화전 등 소방설비가 전혀 없었다.
복도 양 끝에 있던 철 계단이 유일한 비상구였지만 캠프파이어를 끝내고 잠을 자던 유치원생들은 화마火魔를 피하지 못했다.

눈물만 남는 6월이다.
6월에는 빗물마저 세월의 가혹한 채찍처럼 아프다.
사선으로 내려 스치는 비에도 흠칫흠칫 놀라는 6월이다.
2025년 6월의 문턱을 가없이 마주하면서, 다시는 6월에 "임"이 수레를 끄는 일이 없기를 갈망한다.

화성 씨랜드청소년수련원 화재 참사 현장

부다페스트 아리랑

오연복 시 / 구본철 곡 / M-sop.최혜영

M-sop.최혜영

더끌림앙상블(중창)

부다페스트의 화려한 불야성은
다뉴브에 수몰된 2차 대전의 원혼이
서러운 눈물로 밝히는 혼불이라네
불빛으로 강물이 애달피 여울지거든
새하얀 튤립꽃 한 송이 띄워주소서

찬란하여 오히려 슬픈 다뉴브강
한국 유람객들을 인어 등에 태우고
낯선 용궁에 차가운 수장을 하였네
머르기트 다리에 노을 내려앉거든
순백의 무궁화 한 송이 띄워주소서

폭풍우 거세게 일렁거릴 때는
부다페스트여 애환의 부다페스트여
다뉴브의 물결도 쉬어가게 하소서
세체니 교각에 불기둥 아련하거든
새하얀 국화꽃 한 송이 띄워주소서

(후렴)
아리랑 아리랑 아라리오 아리아리오
아리랑 아리랑 아라리오 아리아리오
아리랑 아리랑 아라리오 아리아리오 아라리오

『부다페스트 아리랑』의 탄생 배경

2019년 5월 29일 헝가리 부다페스트 다뉴브강에서 한국인 33명과 헝가리인 2명을 태운 유람선 허블레아니호가 대형 크루즈 선인 바이킹 시긴호에 추돌 되어서 침몰하는 참사가 일어났다.
그 사고로 한국인 25명과 헝가리인 2명 사망, 한국인 1명이 실종되었다.
안타까운 비보를 접하고서 부지불식간에 유명을 달리하신 분들과 유족들을 위무慰撫하고자 필자가 애도哀悼의 시로 "부다페스트 아리랑"을 읊어내었다.
그리고 카이스트 문화기술대학원장을 역임한 구본철 교수가 곡을 붙여서 2019년 12월에 가곡으로 탄생하였으며, 필자의 기발표 가곡들과 함께 엮어서 자작 가곡집(CD) [부다페스트 아리랑]을 펴냈다.

세계 3대 야경으로 손꼽히는 부다페스트 다뉴브강의 휘황한 밤 풍경은 이루 말할 나위가 없을 정도로 매혹적이다.
하지만 그 황홀경의 이면에는 가슴 아픈 역사가 묻혀있는 곳이다.
제2차 세계대전의 와중에 부다페스트 다뉴브강 가에서는 독일 나치즘에 지배받던 헝가리 파시스트 민병대에 의하여 수많은 사람이 학살되었다.

부다페스트 세체니 다리와 헝가리 국회의사당 사이의 다뉴브강 가에는, 그 아픔의 현장에서 학살된 3,500여 명의 무고한 헝가리 시민(그중 800여 명이 유태인)들과 전 세계에서 학살된 유태인 600만 명의 넋을 아울러 기리면서 "다뉴브강 가의 신발들" 〈헝가리 영화감독 캔 토가이(Can Togay)와 조각가 귈라 파우(Gyula Pauer)가 2005년에 설치한 작품〉이라는 조형물들을 전시하여 참혹한 전쟁에 경종을 울리고 있다.

부다페스트의 화려한 불야성은
다뉴브에 수몰된 2차대전의 원혼*이
서러운 눈물로 밝히는 혼불이라네
불빛으로 강물이 애달피 여울지거든
새하얀 튤립꽃** 한 송이 띄워주소서
– 「**부다페스트 아리랑**」 1절 –

* 2차 세계대전 때 헝가리의 파시스트 민병대에 의한 학살 외에도 1944년 11월 4일, 독일군의 모의 폭파훈련 실수로 머르기트 다리 동쪽이 폭파되면서 유태인과 폴란드인, 헝가리 일반 시민, 일부의 독일군 등 수백 명이 폭사하여 수몰당함.

** 튤립 : 헝가리의 국화

필자는 허블레아니 유람선 침몰 사고가 발생하기 3개월여 전에, 다뉴브강에서 유람선을 타고 부다페스트 야경을 관람한 적이 있어서 사고 현장과 그 주변의 정황이 생생하기에 안타까움이 더 크게 와 닿았다.
그 애잔한 상심으로 희생자를 위무함과 더불어 제2차 세계대전 시에 학살된 원혼까지 달래는 진혼鎭魂의 염원을 "부다페스트 아리랑"에 담아내었다.

찬란하여 오히려 슬픈 다뉴브 강
한국 유람객들을 인어* 등에 태우고
낯선 용궁에 차가운 수장을 하였네
머르기트 다리**에 노을 내려앉거든
순백의 무궁화 한 송이 띄워주소서
– 「**부다페스트 아리랑**」 2절 –

* 침몰 유람선인 "허블레아니"는 헝가리어로 〈인어〉라는 뜻임.

** 머르기트 다리 : 유람선이 침몰한 지점에 교각이 있는 다리로 비극의 현대사를 품고 있음.

아리랑은 애환哀歡의 강이요 해원解冤의 타령이다.
아리랑은 구구절절한 사랑 이야기도 펼쳐내고 저잣거리의 풍기 문란을 스리슬쩍 풀어헤치기도 하고 가슴 저미는 시대의 아픔도 노래한다.

때로는 억울을 풀어 흩트리고, 때로는 어긋난 정분情分을 삭이기도 하고, 때로는 느닷없이 떠나간 넋을 위로하며 하염없이 애달픈 가락을 디뎌가는 울컥한 노래이다.

그 노래에 부다페스트로 마실 간 넋을 실었다.

이국만리 휘황한 물결에 휩쓸려 영문 모르고 허우적거렸을 가없는 영혼을 실었다.

머르기트 다리(필자 사진)

폭풍우 거세게 일렁거릴 때는
부다페스트여 애환의 부다페스트여
다뉴브의 물결도 쉬어가게 하소서
세체니* 교각에 불기둥 아련하거든
새하얀 국화꽃 한 송이 띄워주소서
– 「**부다페스트 아리랑**」 3절 –

* 세체니 다리 : "부다"지역과 "페스트"지역을 연결하는 아름다운 다리. 다리 앞뒤로 네 마리의 사자 조각상이 있어서 "사자다리"라고도 부르며 빼어난 조형미가 돋보임.

헝가리 부다왕궁의 야경(필자 사진)

필자는, 헝가리의 국화인 튤립으로 제2차대전 때 다뉴브강 가에서 희생된 넋에게 헌화하고 이국의 강줄기에 실려 간 대한민국 희생자의 영령 앞에 무궁화를 띄우며 만방의 애도화哀悼花인 새하얀 국화 한 송이로 헌화한다.

죽음은 숭고하다.

세상의 파랑波浪을 넘고 넘어 인고의 세월을 살아낸 사람들의 죽음은 이유 불문하고 그 자체로 존엄하다.

그 존엄성을 승화시켜, 유해 27구를 운구하였으나 끝내 인양하지 못한 채 정처조차 알 길 없는 불귀가 되어 이국땅을 헤맬 넋을 아리랑으로나마 보듬어서 해원의 길을 터보고자 하였다.

그래서 중유럽으로부터 남동유럽을 거쳐 흑해에 이르는 다뉴브강을, 숙연한 곡조로 헤엄치는 〈부다페스트 아리랑〉이 탄생하게 되었다.

「부다페스트 아리랑」 유튜브 동영상 자료

덧붙이기

익히 알려진 다뉴브강은 유럽의 여러 나라를 흘러가면서 각 나라의 언어에 따라서 여러 이름으로 불리고 있는데, 독일과 오스트리아에서는 도나우강(Donau), 슬로바키아에서는 두나이강(Dunaj), 헝가리에서는 두너강(Duna), 크로아티아에서는 두나브강(Dunav), 세르비아에서는 두나브강(Дунав / Dunav), 불가리아 언어로는 두나프강(Дунав), 루마니아와 몰도바에서는 두너레강(Dunăre), 우크라이나에서는 두나이강(Дунаи)이라 한다.

독일의 슈바르츠발트에서 발원하여 중부 유럽과 남동유럽을 거쳐서 흑해로 흘러 들어가는 강이다.

"다뉴브"는 영어식 명칭인데, 발원지인 독일어로는 "도나우"이며 유럽의 강으로서는 볼가강에 이어서 두 번째로 긴 강이다.

소 한 마리 키워보세요

오연복 시 / 임우상 곡 / Bar. 양진원

Bar.양진원

세상살이 어둡고 험하여 길고 긴 한숨 터져 나올 때
소 한 마리 키워 보세요, 푸른 목자의 해탈한 눈망울로
거친 세상 달래며 포근히 감싸주는 어미 소 한 마리
은혜롭게 안아 보세요, 세상이 밝아져요, 사랑스러워져요

사무치는 가슴 보듬고 갈쌍갈쌍 속울음 울고 싶을 때
소 한 마리 키워 보세요, 새하얀 털옷 성스럽게 두르고
모진 세상을 뚜벅뚜벅 걸어가는 우직한 황소 한 마리
가슴으로 안아 보세요, 세상이 따뜻해져요, 아름다워져요

소 한 마리 키워보세요

환란, 코비드19 팬데믹의 그림자

2023. 5. 5. WHO 거브러여수스 사무총장이 코비드19 비상사태 해제를 선언했다.
2020년 1월 31일 WHO가 "코비드19 국제적 공중보건 비상사태(PHEIC)"를 선포한 이후 3년 4개월 만의 일로써 코비드19 엔데믹 선언이 머지않았음을 시사한 것이다.
2019. 12. 27. 중국 후베이성 의사 장지셴이 보건당국에 새로운 바이러스 감염 가능성을 보고하고 나흘 뒤인 31일에 후베이성 우한에서 정체불명의 폐렴이 발생하였다고 WHO에 보고하면서 촉발된 코로나19는 지구촌을 휩쓸며 2023년 1월 현재 누적 확진자 약 6억 6천만 여 명, 누적 사망자 약 700만 명을 유발한 것으로 잠정 집계하였다.
그 사이 세계 각국이 바이러스 유입 차단을 위한 봉쇄령과 격리 조치 등을 시행하면서 세계 경제는 급속히 경직되었으며 정치, 사회, 문화 전반적으로 위축되거나 뒷걸음치는 등 암울한 시대가 이어졌다.

갈쌍갈쌍갈쌍 속울음 울고 싶을 때

미증유의 어렵고 힘든 시기를 슬기롭게 헤쳐 나가기를 염원하면서 필자가 희망과 극복의 메시지를 담은 〈소 한 마리 키워 보세요〉를 작시하여 2020년 11월 19일에 임우상 교수에게 작곡을 의뢰하여서 2021년 3월 20일에 가곡으로 세상에 나오게 되었다.

"힘들수록 돌아서 가라"는 격언이 있듯이 난관에 봉착하면 걸음걸이를 조절하면서 돌파구를 찾아가는 혜안이 필요한 법이다.
〈소 한 마리 키워 보세요〉는 코로나19의 대혼란으로 끝을 짐작하기 어려운 시기에, 조바심 내지 않고 느릿느릿한 듯하면서도 우직하게 제 할 일을 다 해내는 소의 걸음걸이로 걸어가면서 대처하다 보면 밝은 세상이 오리라는 희망을 노랫말에 실었다.

"거친 세상 달래며 포근히 감싸주는 ……
어미소 한 마리 은혜롭게 안아 보세요"
"갈쌍갈쌍갈쌍 속울음 울고 싶을 때 ……
소 한 마리 키워 보세요"

노랫말처럼 어미 소의 느긋한 가슴을 보듬고 우직한 황소처럼 뚜벅뚜벅 걸어 나가다 보면 머지않아 희망의 새날을 맞이할 수 있지 않겠는가?

육감수 작곡가 임우상의 탄산수 같은 선율

〈소 한 마리 키워 보세요〉는 태극기의 사괘 중 물을 상징하는 감괘坎卦의 의미가 깃든 "육감수六坎水"를 작곡한 임우상 교수가 곡을 붙였다.
숫자 6六도 주역의 오행 중 "물"의 의미가 있음을 간파하며 "개울물-소나기-냇물-폭포수"의 네 가지 물 흐름을 육감수에 담아내었던 임우상 교수에 의하여 〈소 한 마리 키워 보세요〉의 세상을 향해 나아가는 울림소리가, 바윗돌에 부딪혀 다소 움찔해질 수도 있는 '격랑의 파고'일 듯도 한데 노련한 선율로 다독여졌다.
따뜻한 노랫말이 시원한 선율을 타고서 탄산수처럼 흐르듯이 코비드19와 거친 세상의 암울한 그림자도 우직하게나마 시원스레 걷히기를 소망하면서 노랫말을 썼다.

세월 정거장

오연복 시 / 이종록 곡 / Bar.나의석

Bar.나의석

인생이라는 길 위에
세월 정거장을 만들어 보세요
사랑의 만찬장으로 가는 노선은
몇 번째 정류장일까요
행복의 무대까지 몇 정거장을 더 가야 하나요
그대는 아시나요, 정녕 아시나요

인생이라는 길 위에
세월 정거장을 만들어 보세요
그대를 사랑하는 사람들을
몇 사람이나 태울까요
행복의 무대에서 몇 정거장을 더 함께 할까요
그대는 아시나요, 진정 아시나요

(후렴)
세월의 열차를 타기 위해
세월을 붙잡아 본 적 있나요

세월 마디

"세월"은 세歲+월月의 조합으로 '1년과 1달'이라는 본뜻이 있으며 파생하여 '흘러가는 시간'을 의미한다.
동음이의어同音異義語로서, 음력으로 '(그)달의 첫머리 며칠 동안 뜨는 달'을 뜻하는 세월細月이 있다.
세월 속의 세월細月!

필자는, 유장히 흘러온 세월에도 마디가 있어서 그달 그달 '지난 마디를 돌아볼 짬'이 세월細月에 있으리라는 상정想定을 해 본다.
음력 첫머리 며칠이라면, 그믐 이후로 애가 서리도록 가느다란 허리를 드러내는 초승달 무렵으로서 상현달로 향하는 시기까지를 이르는 동안일 것이다.
달은 스스로 빛을 내지 못하고 햇빛을 받아 반사하는 부분만 밝게 보이는데, 달의 공전에 따른 [지구-태양-달]의 위치가 변화할 때마다 지구에서 보았을 때 겉모양이 달라진다.
사실 초승달은 해가 뜬 후의 오전 시간대에 떠서 해가 진 후인 밤 자정 무렵에 지기에 낮 동안 대부분 떠 있지만, 햇빛의 그늘에 묻혀있다가 해가 기울 무렵에야 서쪽 하늘로 지는 모습을 잠시 잠깐만 볼 수 있다.
그렇기에 초승달 뜨는 세월 마디에는, 밤에 어두운 시간이 길어질 수밖에 없다.

달빛 이울어 사그라드는 그믐을 지나 새달New Moon의 움을 틔워가는 초사흘 무렵은 침잠沈潛의 시간으로써 사색과 몰입을 하기에 알맞을 즈음이다.
"초사흘 달은 잰 며느리가 본다."는 말이 있다.
음력 초사흘 달은 초저녁에 잠깐 나왔다가 지기에 '행동이 날쌔고 활발한 며느리'라야 본다는 뜻으로, '눈치 빠르고 잽싼 사람만이 작은 일까지 살필 수 있음'을 비유적으로 이르는 말인데 달리 보면 '어둠과 빛줄기 사이의 세월 마디를 능히 살필 줄 아는 혜안'의 상징일 수도 있지 않을까?

눈썹 모양을 하고서 세상을 지그시 내려다보는 달- 그 초승달에 침잠沈潛과 관조觀照, 반추反芻와 설계設計, 희망希望과 용기勇氣가 어우러진 세월 마디가 담겨있다.

밤낮 가리지 않으며 길고 짧음 없이 걸림돌 따위쯤은 개의치 아니하고 유유히 흐르는 세월!

그 '세월의 매김씨'에 다달의 첫머리 며칠 동안 뜨는 초승달을 그려 넣음으로써 지난 한마디의 달을 되돌아보고 새롭게 추스를 짬을 활유活喩해 보는 것이다.

그 멋스러운 은유를 일찍 깨달아서 삶의 여정 마디마디마다 뒤돌아보고 되새겨가며 살았더라면 좀 더 나은 인생길을 거닐었을지도 모른다.

안타깝게도 필자의 일기장에는 그날그날 뜨는 해와 달 모양새만 시계추가 되어 마른 볏짚처럼 푸석거린다.

무던히도 마구 지나쳐온 세월의 그림자를 살피면서 웅크려서라도 되새겨본 적이 과연 몇 차례나 있었던가?

뒤늦은 돌이킴에 시절 시절의 아쉬움만 하염없이 맴도는데, 참 달님은 무심히도 흐른다.

엊그제가 청춘인듯한데 어느덧 중장년을 지나고, 이제는 지나온 세월 그림자가 끝을 가늠하기 어려우리만치 길게 드리워져 있다.

사랑의 만찬장으로 가는 노선

2024년 대한민국 프로야구(KBO) 기아타이거즈 선수인 김도영 열풍이 뜨겁다. 약관의 김도영 선수는 KBO 역대 최초 및 최연소 기록들을 연달아 갱신하면서 비상한 관심을 이끌고 있다.

KBO 역사상 최초의 월간 10도루 · 10홈런, 최소 타석 내추럴 사이클링 히트, 최연소 · 최소 경기 100득점, 역대 최연소(20세 10개월) · 최소 경기(111게임) 30도루 30홈런 등 타율 · 타점 · 홈런 · 도루 · 득점 부문에서 뛰어난 성적을 이루어내어 리그 시즌 MVP를 일찍이 선점하는, 실로 가공할 만한 전인미답의 괴력을 뽐내고 있다.

그간 일본 프로야구계에 진출하여 기량을 뽐낸 선동열, 이종범, 이승엽 등과 메이저리거로서 큰 발자국을 찍은 박찬호, 추신수, 김병현, 류현진, 김하성 등의 기라성綺羅星 같은 스타들로 계보를 이어온 국내 프로야구계에 폭발적인 에너지를 발산하며 일거수일투족 펜들을 사로잡는 초특급 슈퍼스타가 등장한 것이다.

대한민국의 스포츠는 일제 강점기 때 베를린 마라톤에서 우승한 손기정 선수 이래, 아시안게임 · 유니버시아드 · 올림픽 등에서 레슬링 양정모 선수(해방 이후 최초의 올림픽 금메달리스트)를 필두로 여러 종목에 걸쳐 우수한 성과를 거두며 위상을 드높이고 있다.

최근 2024 파리올림픽에서는 축구를 비롯한 구기 종목들의 본선 진출이 좌절되면서 사상 네 번째의 미니 선수단이 출전하였음에도 "금메달 13개, 은메달 9개, 동메달 10개"의 성적으로 메달 순위 세계 8위라는 쾌거를 이루어내었다.
특히 이 대회에서는 여자양궁이 올림픽 10연패의 위업을 달성하는 등 양궁 전 종목을 석권하였고 사격, 펜싱, 태권도, 배드민턴 등에서 괄목할 만한 성적을 거두었다.
2024 파리올림픽에도 대한민국의 영광스러운 세월 마디가 또렷이 새겨진 것이다.

프로야구를 비롯한 여러 종목의 프로스포츠계에서 대한민국의 뛰어난 선수들이 세계 여러 나라의 명문 스포츠 리그에 진출하여 맹활약하면서 K-Sports의 위세를 떨치고 있다.

LPGA 명예의 전당에 오른 박세리 · 박인비를 위시하여 신지예, 고진영, 김세영 등 한국 낭자군과 PGA 최경주, 양용은, 배상문, 김시우, 김주형 등이 세계 최고의 미국 골프투어를 뜨겁게 달구어 오고 있다.

독일 분데스리가에서 차붐을 일으키며 맹활약한 차범근 이후로 박지성, 손흥민, 김민재, 이강인 등이 유럽 유수의 축구클럽에서 맹위를 떨치고 김연경 선수는 세계 배구계의 여제로 우뚝 서는 등 프로스포츠 각계에서 큰 성과를 올리고 있다.

그런가 하면, 알파고와의 세기적 대결로 유명한 이세돌 9단으로 대표되는 대한민국의 뛰어난 프로 기사들이 한 · 중 · 일 바둑계를 이끌고 있고, 스타크래프트의 성장과 함께 등장한 임요한 게이머로부터 일궈진 E-Sports(2020년 항저우 아시안게임에 정식종목으로 채택됨)에서도 우리나라 선수들이 빛을 발하고 있다.

이른바 K-Culture 대세의 흐름은 세계만방에 큰 물결을 일으키고 있다. 일제 강점기와 한국전쟁이 남긴 암울한 후유증으로 몸살을 앓던 KOREA는

1970년대의 경제도약 시기를 거쳐 꾸준하고 열정적인 교육의 성과를 바탕으로 2000년대에 이르러서는 세계 10대 강국으로 올라섰으며, 마침내 K-Culture의 꽃을 활짝 피우고 있다.

아시아권에서 한류의 물꼬를 튼 HOT, 보아, 동방신기 등에 이어 미국에서 〈강남 스타일〉로 선풍적인 붐을 일으키며 최초로 유튜버 10억 뷰의 조회 수를 기록한 싸이와 빌보드 메인 싱글 · 앨범 차트 상위권 〔2012년 Butter로 10주간 1위, 5개 Spotify에서 18억 회 이상 재생 등〕 에 입성한 BTS로부터 촉발되어 폭발적인 K-Pop의 물결을 일으키고 있다.

K-Pop이 "한류韓流/Korean Wave"라는 초강력의 국제 문화콘텐츠를 일으키면서 K-Culture를 견인하고 있는 가운데 K-Drama, K-Classic, K-Beauty, K-Art, K-Food 등이 지구촌을 사로잡고 있고, 이미 지구촌에 정평이 난 K-High Tech의 주가는 고공행진을 한다.

인터넷 보급률과 속도 및 기술력이 세계 최고를 자랑하고 서울의 지하철은 명실공히 세계 으뜸이며 자동차, 선박, 반도체, 핸드폰, 화장품 등의 제조 능력과 판매고 또한 세계 최정상권이다.

그리고 AI(인공지능) 기술도 최근 5년간 세계에서 가장 비약적인 발전을 하여 미국, 중국, EU 등과 함께 세계 상위권을 점유하고 있다.
바야흐로 대한민국의 융성기隆盛期가 도래한 것이며 한반도 세월 마디에 함박꽃이 활짝 피어오르는 때이다.

2024년 10월 10일, 한반도의 지축을 울리는 통보 음이 스웨덴 한림원으로부터 한반도에 유입되었다.
〈2024년 노벨문학상 수상자〉로 대한민국의 시인이자 소설가인 "한 강" 작가가 선정되었다는 낭보가 실려 있었다.

노벨위원회 위원장은 한 강 작가의 글에는 "예술 형식 간 경계를 넘나드는 작업이 뚜렷이 담겨있다."라고 하면서 "역사적 트라우마를 직면하고, 각 작품에서 인간 삶의 취약성을 드러내는 한편, 시적이고 실험적인 스타일로 현대 산문의 혁신적인 모습을 보여주었다."라고 선정 이유를 설명하였다.

아울러 국제적으로 알려진 건 "채식주의자(2007년 출간/맨부커상 수상)"이었다고 소개하였다.

아마 한림원을 움직인 가장 강렬한 밑줄은, 한 강 작가가 〈채식주의자〉, 〈작별하지 않는다〉 등을 통하여 뱉어내는 암울한 사회 현상을 반영함으로써 상기가 된 '전 세계인이 지닌 공통 인자요 공통 분모이며 공통 공감대의 꿈틀거림'일 것이다.

대한민국의 노벨상 수상은 2000년 노벨평화상을 수상한 김대중 전 대통령에 이어서 한 강 작가가 두 번째이다.

그간 얼마나 갈망해 온 상이던가?

우리나라 인근 동아시아 국가의 노벨상 수상자를 살펴볼 때, 중국의 경우에 중국 국적인과 세계 속의 중국인 노벨상 수상자를 망라하여 10명이다.

일본은 동양권에서 가장 많은 29명의 노벨상 수상자를 배출한 나라인데 이 가운데 4명은 수상 시점에서 외국 국적을 취득했다.

대 · 한 · 민 · 국! - 진정 값진 2명의 수상인데, 이웃 나라와 비견할 때 참으로 빈약한 결과물이다.

그렇지만 이제 시작이다.

약 2세기에 걸쳐서 유럽의 르네상스가 문화의 봇물을 터트렸듯이, 우리 대한민국의 문화융성기는 세기를 넘어서며 거듭하여 세계의 정점을 구가하면서 의식주 전반에서 세련되고 찬연한 문화의 꽃을 피울 것이다.

'사랑의 만찬장'으로 가는 플랫폼에는 양탄자가 깔려있고 승하차객의 발밑에는 축복의 꽃가루가 펼쳐지는 아름다운 '세월 마디'요 세기적인 '세월 정거장'이 들어선 것이다.

다만, 세계 문화의 리더로 웅비하는 KOREA의 위상에 비견하여 아직껏 후진 정치의 틀을 깨지 못하고 부끄러운 행태만 거듭하는 정계의 환골탈태換骨脫胎와 근래 국민이 볼모가 되어버린 참담한 의료 대란醫療大亂의 현실에서 하루빨리 벗어나기를, 그리하여 이 영화로운 시절에 걸맞게 모두가 얼싸안고서 "사랑의 만찬장"으로 향하는 행복한 대한민국이 되기를 갈망할 따름이다.

세월 정거장

세월은 결코 붙잡거나 거스를 수 없는 만고불변의 절대적 존재요 근간이며 진리이다.
삶과 죽음처럼 절대 영역인 세월에 대하여 필자는 발칙한 소망으로 도발해 보기로 하였다.
물론, 이룰 수 없는 소망인 줄 알고 있기에 헛헛한 실망감은 애초에 존재하지 않는다.

인생이라는 길 위에
세월 정거장을 만들어 보세요
사랑의 만찬장으로 가는 노선은
몇 번째 정류장일까요
행복의 무대까지 몇 정거장을 더 가야 하나요
그대는 아시나요, 정녕 아시나요
–「**세월 정거장**」 1절 –

불변의 가치요 절대 영역인 세월을 잠시 멈춰 세울 정거장이 있다면, 그리하여 사랑의 만찬장과 행복의 무대까지 데려다줄 세월 마디들로 노선을 이루는 정류장이 있다면, 우리의 삶은 늘 사랑이 움트고 나날이 축제의 만찬을 즐길 수 있을지도 모른다.

후회의 시간은 틈틈이 반성하면서 개선하면 될 것이며 캄캄한 그믐보다는 찬연한 햇살이 쭉 이어지면서 나날이 행복을 수놓을 수도 있으리라.

그리하여 애가 서리도록 가느다란 허리를 드러내는 초승달쯤은 살짝궁 지나치며 온누리를 밝히는 대보름달만 둥실 두둥실 떠오를지도 모를 일이다.

인생이라는 길 위에
세월 정거장을 만들어 보세요
그대를 사랑하는 사람들을
몇 사람이나 태울까요
행복의 무대에서 몇 정거장을 더 함께 할까요
그대는 아시나요, 진정 아시나요
– 「**세월 정거장**」 2절 –

세월 마디마디 멈춰 서는 정류장마다 김도영이 손 흔들며 내릴 수도 있고 BTS가 탈 수도 있으며, 박세리 · 박인비 옆자리에 동승할 수도 있고 박지성 · 손흥민 · 김연경과 묵찌빠 게임을 하며 여행을 즐길 수 있을지도 모른다.

"첫눈*"에 반한 사람과 "김밥*"을 먹으며 "물푸레나무 타령*"이나 "한복의 노래*"를 부르며 "사랑의 사계절*" 내내 세월이 정거하는 플랫폼을 밟아갈지도 모른다.

그런 세월 마디, 그런 세상이라면 "애련의 능소화*"나 "꽃무릇*", "부다페스트 아리랑*", "눈물만 남는답니다*" 등의 슬픈 노래들이 들어설 자리쯤은 언감생심일 것이다.

※ "~*"표시된 낱말이나 말마디, 문장은 모두 필자의 가곡 제목임.

세월의 열차를 타기 위해
세월을 붙잡아 본 적 있나요
–「**세월 정거장**」 후렴 –

그러나 우리는 세월을 붙잡아 본 적이 없다.
한번 탄 세월 열차는 멈춰 서거나 다시 탈 플랫폼이 없다.
우리네 세월은 삶의 플랫폼을 출발해서 삶의 종착역을 향하여 쉼 없이 레일 위를 달리는 열차만 있을 뿐이다.
세월의 열차는 숨결처럼 고요하여 알아차릴 틈조차 없이 무심하게도 무결점의 순항을 한다.
티 없는 세월 마디 마디에 언뜻언뜻 드러나는 덜컹거림은 삶을 제대로 여과해내지 못한 우리네의 부끄러움이 일으키는 마찰음이요 파열음일 따름이다.

오늘 필자의 발칙한 도발은 덧없는 물음표와 느낌표가 교차하는 차창을 사이에 두고 세월 마디를 거닐어본 찰나였다.
인생의 이치는 밝음과 어두움, 슬픔과 기쁨, 젊음과 늙어감 등의 상대성이 균형감 있게 공존할 때 멋과 맛을 누릴 수 있음을 깨닫게 한다.
일사천리로 한 방향으로만 작용한다면 무료와 무기력과 무미건조한 일생이 될 것이다.

무너질 듯할 때 받쳐주고 어둠과 그늘에서 쉬고 환한 낮에 바쁘게 움직이며 슬플 때 같이 울고 기쁠 때 박수로 화답하는 조화로움이 작동할 때 인생을 아름답게 해주는 것이리라.

그렇듯 다름과 같음이 어우러져 상생하는 이치를 알면서도, 그리고 무모한 헛짓인 줄 알지만, 세월 한번…… 살짝…… 붙들어보고 싶다.

유치원과 노치원

오연복 시 / 송상준 곡 / Ten.정준영

영상세계

벨칸토짱

오순도순 활기차던 새싹놀이터에
하하호호 웃음꽃 사라지고
삼삼오오 어르신만 웅성거리네
유치원은 어디 가고 노치원 들어서는가
아이 없어 배움터 줄줄이 폐업
어이없이 늘어만 가는 노인 놀이터
노인복지도 좋지만, 출산율 높이기가 우선
아이들의 웃음소리가 희망의 메아리요
아이 낳기 좋은 나라가 선진 일류국가

하나 낳아 잘 기르자던 포스터가
나라 앞날 먹구름 되었다네
이제 서야 두 자녀 이상은 보물
출산장려 육아 정책 발등의 불이로구나
어린이는 나라를 살리는 보배
사랑받고 희망 키우는 애국의 새싹
노인복지도 좋지만, 출산율 높이기가 우선
아이들의 웃음소리가 희망의 메아리요
아이 낳기 좋은 나라가 선진 일류국가
아이 낳기 좋은 나라가 선진 일류국가

[유치원과 노치원] 가곡의 탄생 배경

통계청이 발표한 우리나라의 2024년 합계출산율은 0,68명에 그칠 것이라는 예측이다. 이는 OECD국가 합계평균출산율 1.58명의 절반인 0.79명에도 못 미치는 절망적인 수치이다. 합계출산율이란, 여성 한 명이 평생 낳을 것으로 예상이 되는 출생아 수로서 현재의 인구 유지를 위한 마지노선은 2.1명이라고 한다. 우리나라는 '저출산 · 고령화'의 심화에 따라 경제의 노동 투입이 위축되고 성장 잠재력도 크게 떨어질 것으로 보인다. 인구 감소가 절망적인 이유는, 줄어드는 인구로 인하여 우리나라의 잠재성장률이 2030년대에 이르면 0%대에 진입하고 2047년 즈음에는 마이너스대로 내려설 것이라는 전망에서이다.

2020년대에 태어난 아이들이 청춘을 제대로 다 누리지도 못한 시기부터 암울한 현실에 직면하게 될 것이라는 경고등이 켜지고 있다. 역삼각형 인구분포를 이루어가는 우리나라에서 다수 분포권역에 있는 노인들의 문제, 노인복지 등의 해결에도 힘을 아끼지 않아야 하지만, 가장 화급한한 과제가 출산율 높이기라는 것을 깨닫고 작은 힘이나마 보태고자 이 노래를 작사하게 되었다. 서두르지 않으면 안 된다.

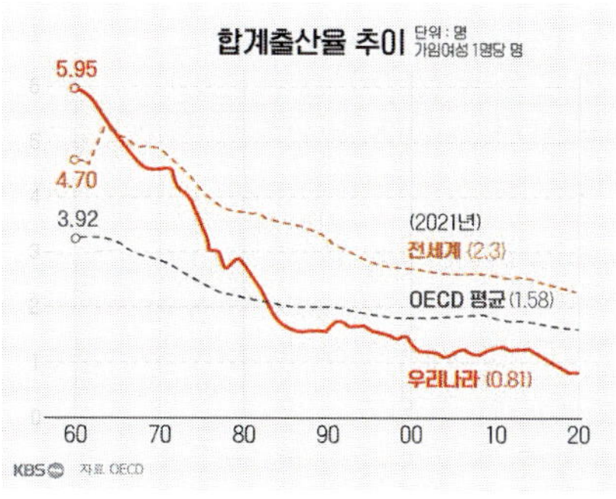

위정자부터 절박함을 인지하여서 출산율을 높이기 위한 제대로 된 정책을 세워야 하고, 국회를 비롯한 사회 각계각층에서 출산율 높이기 운동을 끊임없이 펼쳐나가야 한다.

산아 제한과 출산 장려의 당위성-그 아이러니

1960년대부터 시작된 우리나라의 산아 제한 정책은, 한국전쟁 이후 폭발적으로 급증한 출산율이 직접적인 동기가 되었다.
이른바 우리나라의 베이비부머로 통칭되는 1955년생~1974년생 중에서 1955년생~1963년생을 「1차 베이비 붐 세대」라고 부른다. 한국전쟁으로 형제자매를 앗긴 통절함과 전염병에 어린 생명들을 잃어야 했던 아픔을 겪으면서 한편에서는 대를 이어야 한다는 절박함으로, 한편으로는 가문을 일으킬 인적자원의 필요성으로 적게는 3~4명, 많게는 7~10명의 자녀를 낳았다.
우리나라 인구 중 13.7%를 차지하는 1차 베이비부머는 무려 705만여 명에 달한다고 한다. 태생부터 치열했던 베이비부머들은 피폐한 환경 속에서 보릿고개를 견뎌야 했고 교육의 기회는 적었으며, 가난한 집안을 일으키기 위하여 이른 나이에 산업 현장에 뛰어들어야 했다. 가히 폭발적인 숫자의 동년배들과 치열한 경쟁 구도를 이룬 1차 베이비부머는 '58년 개띠', '예비고사', '대학가요제'가 연상되는 세대이다.

「2차 베이비부머」로 불리는 1964년생~1974년생은 우리나라의 경제 성장기와 더불어 성장한 세대로서 교육 수준이 높고 업무 환경 등이 개선되어 근로 의지가 강하며 IT 활용 능력이 원만하고 소득 수준이 높아서 자산이 좋은 편이다. 그렇지만 부모 봉양, 녹녹하지 않은 주택 마련, 자녀의 학비 조달과 결혼 비용 등의 무거운 짐을 감당하고 있다. '농업 세대'와 'IT 세대'를 잇는 가교역할을 하였고 부모 봉양과 자식 부양의 책임을 함께 짊어졌으면서도 차후 자식으로부터는 부양받지 못하는 처지에 몰리고 있는 세대이기도 하다.
그렇기에 부모 봉양의 마지막 세대이면서 자식으로부터는 부양받지 못하는 처음 세대라 하여 "마처 세대"로 불리기도 한다.

2차 베이비부머는 우리나라 인구의 18.6%를 구성하는 '가장 큰 인구집단세대'로서 1차 베이비부머 보다도 250만여 명이 많은 954만여 명에 다다른다고 한다. 전체 인구 중 무려 32.3%에 달하는 인적자원으로 큰 기반을 이룬 "베이비 붐 세대"들은 우리나라 경제 성장기에 산업역군으로서 지대한 이바지를 하였으며 대한민국을 선진 강국의 반열에 올린 주역이다. 그런데 2025년을 기하여 1차 베이비부머에 이어서 2차 베이비부머도 은퇴 행렬에 들어서고 있다.

우리 사회는 이제 역피라미드형의 인구 구조와 급속한 노령화 문제가 비상한 현안으로 떠오르고 있다.

물론 베이비부머들은 각고의 노력 끝에 자산이 개선되었고 양호한 건강관리를 통하여 액티브 시니어로 거듭나고 있지만 독거노인의 급증, 가족 공동체 문화의 퇴조, 계층의 양극화 심화, 복지비용 급증 등 노령화의 그늘이 짙어지는 모습이다.

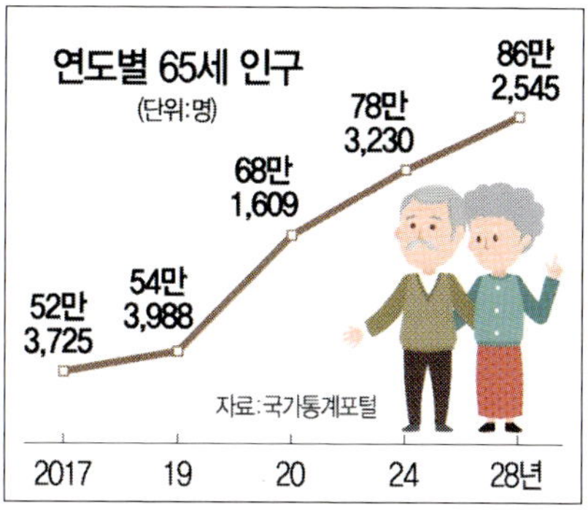

열악한 환경을 이겨내면서 국부를 일구어 경제 선진화를 이끌어온 베이비부머들이 경제 활동권역을 벗어나면서 되레 애물단지로 전락하고 있는 슬픈 현실이 아닐 수 없다.

안다미로의 지혜

1960년에 108만여 명의 출생아를 기록한 이래로 출생아 수가 1975년 87만여 명, 1995년 71만여 명이었던 것이 2002년에 50만 명 이하로 내려섰으며 2020년 27만여 명, 2023년 23만여 명으로 가파른 하향곡선을 그리며 절망적인 수치에 다다르고 있다.

우리나라의 인구 구조에서 가장 큰 인구 집단 세대인 베이비부머가 경제활동권의 2선으로 물러나고 세계 최저의 출산율로 인한 경제 인구의 급감으로 야기될 경제성장률의 저하는 불을 보듯 뻔한 상황이다.

인적자원을 기반으로 독일, 중동 국가, 베트남 등지에서 외화를 벌어들이고 산업 전반에 노동력을 결집하여 2023년 8월 기준 인구 5,170만 명, GDP 1조 8,000억 원의 세계 6대 강국(US NEWS지 발표)으로 도약한 우리나라가 어쩌다가 세계 최저 출산율 국가라는 달갑지 않은 말을 듣게 된 것일까?
그 이면에는 시대별로 추진하였던 산아 정책이 한몫하고 있다.

베이비 붐이 일던 1955년 이후부터는 식량문제 해결과 과밀인구에 대한 부담으로 계몽 포스터, 표어 등을 동원하면서 강력한 출산 제한 정책을 펼쳤다. 이르자면, 〈1960년대〉-"많이 낳아 고생 말고 적게 낳아 잘 살자!", 〈1970년대〉-"딸 아들 구별 말고 둘만 낳아 잘 기르자!", 〈1980년대〉-"하나 낳아 젊게 살고 좁은 땅 넓게 살자!" "잘 키운 딸 하나 열 아들 안 부럽다!" 등으로 산아 제한 정책을 시행하였던 것이 이제는 독이 되고 있다.
지나치게 출산율이 저하되어 사회문제로 대두되자 급기야 〈2005년〉부터는 "하나는 외롭습니다!", "아빠! 혼자는 싫어요, 엄마! 저도 동생을 갖고 싶어요" 등의 출산 권장 정책으로 전환 하였다.
산아 정책 드라이브를 하면서 1960년대 출산율 6명대에서 1995년 출산율 1.5

명을 기록하다가 2024년에 0.79명의 출산율로 급강하하여서 불과 50여 년 사이에 우리나라는 세계 제일의 저출산 국가로 전락하였다.

시골 마을에서는 아이 울음소리가 끊긴 지 오래고 농어촌이나 소도시 등의 초등학교는 입학생이 없어서 폐교된 곳을 어렵지 않게 볼 수 있다.
저출산은 인구 지진(Agequake)이라고 표현이 되리만큼 국가적으로 대재앙을 몰고 올 수 있는 심각한 문제이다.

우리나라가 의료보험 혜택, 사립학교 우선 입학, 무료 교육 등의 당근과 채찍으로 반강제적인 산아 제한 정책을 펼쳤던 데는 정책 담당자들의 오판과 더불어서 그 당시에 '2020년의 세계 인구'를 120억으로 예측한 UN 등 국제기구가 국제적으로 산아 제한 정책을 강조한 것도 요인 가운데 하나이다.
그 영향으로 저 출생으로 인한 인구 감소의 위기는 일부 대륙을 제외하고 세계적인 과제가 되고 있다.
그런 가운데 프랑스, 독일, 스웨덴 등 일부 국가는 일찍부터 정책적 지원을 통하여 출산율 반등에 성공하여 주목받고 있다.
그 성공 사례를 들여다보면 현금성 지원책에 더하여 가족수당, 육아휴직, 금융지원, 세금 절감 등을 각 나라의 상황에 따라 유효 적절하게 시행한 예를 살필 수 있다.

프랑스는 '가족 정책'을 통한 해법을 모색하여 급여 수당, 출산 전 수당, 출산 수당, 출산휴가 등의 "가족수당"과 자녀 수에 따라 조세 부담을 경감시키는 "소득세의 가족 계수", 그리고 유치원 무료 지원 등으로 부모 부담을 낮추고 있다.
독일은 '유아 정책 개혁'으로 부모 휴직 및 부모 수당 지급, 전일제 학교, 유아 돌봄 시스템 가동으로 부모의 육아 부담을 덜어준 것이 효과를 보았다.
스웨덴은 아동수당의 조기 시행, 여성의 사회 진출에 따른 포괄적 가족복지 시행, 무상 공교육 제공, 사교육비 없는 방과 후 과정 등을 통해 출산에 따른 부모 부담을 낮춤으로써 아이 키우기 좋은 여건을 만들고 있다.

[출산정책의 시대별 포스터]

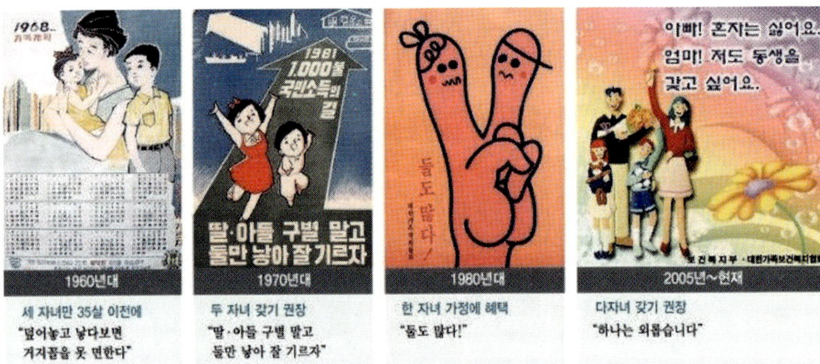

우리나라는 경착륙한 산아 정책의 부작용과 더불어서 육아 환경에 관한 문제도 저출산의 중요한 요인이 되고 있다. 천정부지로 치솟은 집값과 과도한 자녀 교육비는 아이 낳기를 주저하게 하고 있으며 아이를 키우는 데 있어서 보다 나은 인프라를 추구하는 젊은 층의 욕구를 반영시키지 못하는 육아 환경 또한 문제로 대두되는 것이다. 백년대계의 안목으로 출산율을 높이기 위한 정책을 시급하게 세워야 인구절벽의 난제를 극복할 수 있다.

모자람은 채우되 과하게 넘치지 않는 안다미로의 지혜를 모아서 아이 키우기 좋은 나라를 만들어 가야 한다. 노인복지에도 소홀함이 없어야 하지만, 출산율 높이기가 우선이며 아이들의 웃음소리가 희망의 메아리요 아이 낳기 좋은 나라이어야 선진 일류 국가에 진입할 수 있다.

이쑤시개

오연복 시 / 최현석 곡 / Bar.양진원

Bar.양진원

고기 몇 점 행복하게 영접했는데
바람이 들락이던 치아 사이사이로
날 선 대나무 이쑤시개 들락거리네
혀끝에 감겨오는 으깨진 고기조각
서민들의 입방아에 씹혀진 고깃살
귀족들의 맛 투정에 씹다 만 고기 맛
씹다 만 고기 맛 허허헛

대통 짝짝 갈라쳐도 대쪽이 남아
죽향에 고스란히 스미는 인생살이
치아 속의 고기조차 귀천이 나뉠쏘냐
답답한 세상 시원히 뚫어나 보세
귀족들의 맛 투정에 씹다 만 고기 맛
서민들의 입방아에 씹혀진 고깃살
씹혀진 고기 살 씹혀진 고기 살
씹혀진 고깃살 하하하하하

인류의 틈새를 정화하다

인류가 삶을 영위하기 위해서 의식주는 생존의 필요조건이었고, 그중 첫 번째의 문제가 취식取食이었을 것이다.
벌거벗고 생활하다가 기온 변화에 따른 체온 유지의 대응책으로 나뭇잎이나 마른풀, 동물의 털가죽 등을 걸치기 시작한 것이 옷의 기원이 되었다.
그리고 비나 눈, 햇볕, 바람 등을 피하여 큰 나무 밑이나 동굴 등에서 지내다가 토굴을 파거나 움집을 지어서 추위, 더위, 맹수 등으로부터 보호받으며 살던 것이 집이라는 개념으로 발전해 왔다.

옷[衣]과 집[住]은 살아가면서 필요에 따라서 점진적으로 강구되어 온 수단임에 비하여 먹을거리[食]는 섭취를 하지 않으면 당장 생명의 위험이 따르는 필수 불가결의 요건이다.

생명 유지를 위하여 원시 인류는 채집과 수렵 등을 통하여 먹을거리를 확보하였고, 그것의 섭취에 절대적으로 필요한 것이 치아였다.
그리고 치아의 중요성을 깨달은 원시 인류는 치아를 아끼고 보존하기 위한 최소한의 수단을 궁리하였으리라고 생각한다.
아마 '도구의 개발開發'이라는 개념이 생성되기 이전부터 본능적으로 인류의 손에 들려졌을 소도구가 "이쑤시개"였으리라.
치아 틈새를 파고든 음식물 조각들은 여간 성가신 존재가 아닐 수 없다.
이 사이에 끼어서 어깃장 부리는 고기나 풀 찌꺼기 등의 이물감은 식후의 온 나절을 먹먹한 불쾌감에 휩싸이게 할 수도 있다.

원시 인류들에게도 이물감은 예외가 아니었을 것이며 나름의 해결책을 찾았으리라.

필자는 거나하게 외식을 한 날, 식당에 비치된 이쑤시개를 미처 챙기지 못하였을 때, 식후의 산책로에서 강아지풀이나 나무의 가녀린 줄기로 이를 쑤셨던 기억들이 심심치 않게 떠오른다.
시장기는 배꼽시계로부터 오지만, 식후의 답답함은 이사이로부터 온다.
원시 인류들도 별반 다르지 않았을 것이다.

필자가 그랬듯이 원인류를 비롯한 인류의 조상 대대로 가는 풀줄기나 매끄러운 나뭇결 등의 절편으로 도구를 만들어서 이 사이의 성가심을 해결하였을 것이다.
원인류이거나 현대인이거나 계층이나 계급은 물론이고 남녀를 막론하고 '쑤셔야 시원하고 빼내야 흐뭇하다.' 하는 것은 자연스러운 통념이지 않을까?

인류 최초의 발명품

현대 과학의 심층적인 분석으로 도출된 이쑤시개에 대한 고증考證이 있다.
카렌 하디를 비롯한 스페인 연구자들은 120만 년 전의 호미닌(hominin ; 사람과에 속하는 인류와 그 조상 그룹)의 이빨 화석에서 이쑤시개를 사용하여 이빨 사이 이물질을 제거한 증거를 발견하여 이를 저널「자연과학(The Science of Nature)」에 발표(2017년 1월) 하였다.
이빨은 단단한 조직으로 화석화가 쉬우며 표면에 치석과 흠집, 미세한 음식물의 잔류물이 고착될 수 있어서 무엇을 섭취하였는지 분석할 수 있다고 한다.

이 연구에서 특이할 만 한 또 하나의 사실은, 화식火食의 흔적이 없었다는 것으로 연구 대상의 호미닌은 불을 사용하기 이전부터 이쑤시개를 사용했을 것이라는 점이다.
인류 최고의 발명품인 "불"의 사용 이전부터의 인류 최초 발명품으로"이쑤시개"가 자리매김한다는 사실은 그 사안의 경중을 떠나서 재미있는 고찰의 대상이 아닐 수 없다.

사실 이쑤시개에 관한 연구는 이전부터 진행되어서 4만 9,000년경의 네안데르탈인(호모 사피엔스 네안데르탈렌시스) 치아에서 이쑤시개를 사용한 흔적을 발견하여 "인류 최초의 발명품"이라는 칭호가 부여되었는데, 스페인 학자들의 연구가 기반이 되어서 그 기록이 120만 년 전으로 거슬러 올라가게 되었다.

한편, 불교의 비니모경毗尼母經에 기록된 내용에 따르면 기원전 6세기 즈음 버드나무와 소태나무를 이용하여 이쑤시개의 일종을 생산하였다고 한다. 그리고 버드나무 가지를 양지楊枝라고 하는데, 그것으로 이를 쑤시고 비벼서 입안 청소를 하였던 데서 '양치질'의 어원이 비롯되었다고 한다.

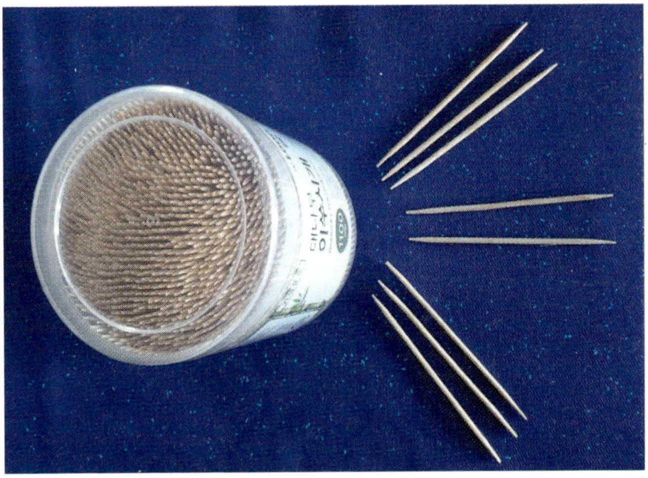

이쑤시개(필자 사진)

※ 이쑤시개를 요지(楊子;ようじ)라는 말로 스스럼없이 쓰곤 하는데, 요지라는 말은 엄연히 일본어이며 일제의 잔존물이므로 이쑤시개라는 순우리말로 순화하여 써야 할 것이다.

답답한 세상 시원히 뚫어나 보세

댓조각으로 이를 쑤신다
거섶이 엉키었던가
오소리감투가 감투를 썼던가
풀 찌끼가 삐죽삐죽 밀려 나오고
고깃살이 얼기설기 딸려 나온다
무심함도 솔솔 흘러내려
나른한 오후는 대숲처럼 잠들고

노을에 소쇄원*을 사각사각 그려 넣는데
지쳐가는 뜬구름은 어스름 달빛에 헛물을 켜고
명옥헌 원림** 연못가에서
해묵은 배롱나무는
수상한 입방아에 혀를 차건만
쑤셔댈 잇속조차 없는 옛이야기가
날 새는 줄 모르는구나

– 「**명옥헌 입방아** / 오연복」 전문 –

* 소쇄원瀟灑園 : 전남 담양군 남면에 자리한 '명승 제40호'의 명소이며 경관의 아름다움이 탁월한 문화유산의 보배로서 조선시대 선비들 교류의 장소이었다.
  소쇄원은 한국 최고의 원림으로서 내원內園과 외원外園의 공간 배치 및 빼어난 건축미로 주목받으며 많은 연구가 이루어지고 있다.

** 명옥헌 원림鳴玉軒 苑林 : 전남 담양군 고서면에 위치하며 '명승 제58호'이다.
  명옥헌은 조선 중기에 명곡明谷 오희도吳希道가 은거했던 곳에 아들 오이정吳以井이 조성했고, 오희도의 증손자 오대경吳大經이 중수했다.
  오희도는 광해군 때 예문관검열藝文館檢閱을 역임했는데, 동서붕당東西朋黨에 환멸을 느끼고 낙향하여 서재를 짓고 은둔했다.
  명옥헌 원림은 창덕궁 후원, 보길도 부용동 원림, 강진 백운동 원림 등과 함께 우리나라의 대표적인 정원으로 손꼽히는 곳으로 상지上池와 하지下池로 이루어진 연못 둘레에 400여 년 된 배롱나무(일명 목백일홍) 노거수 100여 그루가 울울창창하게 붉은 꽃 여울을 펼쳐서 장관을 이룬다.

이쑤시개는 답답한 이와 이 사이를 속 시원히 뚫어주는 해결사다.
이 사이에 음식의 잔류물이 끼어 답답하듯이 세상살이에도 얼기설기 엮인 문제들로 좀처럼 풀리지 않고 답답증만 쌓여가는 일들이 비일비재하다.
개인과 개인이 엉키기도 하고 힘의 논리에 맥없이 밀려서 터지는 분통을 어찌할 수 없는 사례도 있으며 부패와 무능으로 나라를 축내게 하는 위정자들로 떫은 입방아를 찧기도 한다.

위의 시 〈명옥헌 입방아〉에서 "수상한 입방아"는 당파싸움에만 매몰되어 나라를 혼탁하게 어지럽히는 붕당정치에 환멸을 느끼고 광해군의 폭정을 안타까워하며 '세월의 이를 쑤셨던' 오희도(1583~1623) 선생의 애국 충심을 소환한 것이다.
능양군 시절의 인조(仁祖)가 세상을 바꿀 큰 그림 속에 오희도를 중용하기 위하여 한양으로부터 명옥헌까지 멀리 찾아왔음을 확증하는"삼고三顧"라는 편액이 명옥헌에 걸려 있으며, 명옥헌 계류의 바위에는 우암 송시열宋時烈이 쓴 "명옥헌鳴玉軒 계축癸丑"이 새겨져 있어서 당시 오희도 선생의 인품과 도량을 미루어 짐작할 수 있다.

고기 몇 점 행복하게 영접했는데
바람이 들락이던 치아 사이사이로
날선 대나무 이쑤시개 들락거리네
혀끝에 감겨오는 으깨진 고기조각
서민들의 입방아에 씹혀진 고깃살
귀족들의 맛 투정에 씹다만 고기맛
씹다만 고기맛 허허헛

– 「**이쑤시개**」 1절 –

"서민들의 입방아에 씹혀진 고깃살"
서민들이 일상에 지쳐있을 때 포장마차나 선술집 등에서 먹는 고기 몇 점은 위안의 안주이자 버거운 직장 상사, 갑질하는 거래처 직원, 인색한 부유계층, 눈꼴 사나운 정치인 등을 향해 불만과 볼멘소리를 쏟아내며 애환을 풀어가는 고소한 안줏거리가 되리라.

그래서 "입방아에 씹혀진 고깃살"이라는 표현이 어울리리라.

반면에 "귀족들의 맛 투정에 씹다만 고기맛"은 풍족하고 입맛조차 사치스러운 귀족(상류층)들에게는 최고급의 고기가 아니면 맛 투정하며 씹다가 뱉어내는 것쯤은 대수롭지 않은 행위일 수도 있다.

가진 자가 자신의 능력껏 누리는 것이야 뭐라 할 것인가?

다만, 아직도 배불리 먹지 못하고 품질에 연연할 겨를없이 그저 고기 몇 점만 주어져도 행복해하는 계층이 적잖은 것이 현실이다.

조카뻘되는 동네 후배가 온 가족이 도란도란 먹기 위해 돼지고기 한 근을 사려고 정육점에 갔는데, 앞 손님이 소고기 열 근을 보따리 가득 사 담더란 것이었다.

정육점 주인이 그 손님에게 "오늘 잔치하세요?" 하고 말을 건네자, 그 손님 왈, "그게 아니라 엊그제부터 우리 집 개 두 마리가 도통 식욕이 없어 보이길래 개에게 먹이려고 해요."

그 말에 토끼 같은 아들딸 얼굴이 스치면서 돼지고기 한 줌 살 손이 저절로 겸연쩍어지더라는 것이다.

우스갯소리 같지만 실화이다.

대통 짝짝 갈라쳐도 대쪽이 남아
죽향에 고스란히 스미는 인생살이
치아 속의 고기조차 귀천이 나뉠쏘냐
답답한 세상 시원히 뚫어나 보세
귀족들의 맛 투정에 씹다만 고기맛
서민들의 입방아에 씹혀진 고깃살

씹혀진 고깃살 씹혀진 고깃살
씹혀진 고깃살 하하하하하
- 「**이쑤시개**」 2절 -

요즈음 젊은 층에서 세상살이 참 팍팍하다는 이야기가 회자된다.
'금수저, 은수저, 흙수저'라는 신조어가 횡행하고 심지어는 그도 저도 아닌 '그저 수저'라는 자조감自嘲感에 빠져있는 청년들도 있다.
사회가 양극화하면서 빈부격차가 심화되고 지배층이나 부유층에서 기득권 유지를 공고히 하면서, 열심히 노력하여 한 단계 한 단계 올라서려는 이들의 진입장벽이 철옹성처럼 두터워지고 있다.
이른바 계층 사다리의 폭이 극심히 좁아지거나 무너져 내리는 것이다.
"개천에서 용 난다"라는 속담은 구시대의 유물이 되어가고 있다.

해방과 한국전쟁을 거치면서 피폐한 경제난 속에서도 그 당시 젊은이들의 가슴속에는 꿈과 희망이 솟아올랐다.
나라에서는 "잘살아보세"라는 기치로 새마을운동을 펼치며 희망을 끌어모았고, 사회와 기업은 나름의 기회를 보장하면서 누구나 성실하게 노력하면 잘 살 수 있다는 믿음을 심어주었다.
그 시절에는 역량에 따라 계층의 사다리를 비교적 수월하게 오를 수 있었다.
그것은 우리나라가 선진국 대열에 오르는 큰 발판이 되었고, 오늘날 풍요의 밑거름이 되었다.
가족의 생계와 미래를 짊어진 젊은이들의 가슴에 꿈과 희망이 살아 움직였기에 이루어낼 수 있는 일이었다.

꿈과 희망을 잃은 사회는 불 꺼진 산골짜기처럼 암담하다.
꿈과 희망은 걸림돌이나 장벽이 없어야 제대로 펼쳐질 수 있다.
금은 수저를 보석처럼 틀어쥔 귀족(상류)층의 거드름이나 갑질이 없어질 때,

나라와 사회의 톱니바퀴는 삐걱거리는 마모가 없이 잘 돌아갈 수 있다.

반면에 계층 사다리의 작동이 원활하지 않을 때, 마치 이빨 사이에 음식 찌꺼기가 낀 것처럼 이물감에 시달리게 될 것이다.

이빨 사이에 음식 찌꺼기가 오래 끼어 있으면 충치, 풍치, 잇몸질환 등으로 이어질 수 있듯이 고여서 썩지 않고 건강한 사회로 지속적인 발전을 하기 위해서는 계층 간 걸림돌을 과감히 빼내야 할 것이다.

2024년 초부터 지금(2025년 여름)에 이르기까지 수개월 동안 최고의 엘리트 집단이자 최상위 소득자 집단이 자신들의 기득권과 이권 사수를 위하여 국민의 생명을 볼모로 하여 정부를 압박하는 볼썽사나운 일을 벌이고 있어서 쓴 입맛을 다시게 한다.

문제는 여러 정부를 거치면서 그 필요성이 대두되어 왔던 의사 증원의 해묵은 과제를 표면화한 현 정부나 의사단체, 국회를 비롯한 이익이 교차하는 사회단체, 국민과 환자들의 입장이 서로 달라서 출구 시기가 가늠하기 어렵다는 점이다.

난마처럼 얽혀있는 사태 촉발 원인에는 표면적인 갈등의 주요소인 갑작스럽고 무모한 의대생 증원의 숫자 문제와 더불어 의료체계의 구조적 문제가 도사리고 있다는 견해에 고개를 끄덕이게 된다.

잘잘못의 셈법이 어느 쪽으로 기울던 치료받을 권리를 침해당한 국민, 특히 환자들에게는 집단 이기적인 패거리 행동에 대한 시선이 고울 수가 없다.

의대 정원 증원의 배경에는 정치적 이유를 제외하고도 실제로 의사 수 증원의 필요성이 존재하고 있다.

이른바 국민 1,000명당 의사 수가 2.6명으로 OECD 국가 평균인 3.7명에 크게 못 미치며, 급속한 고령화로 인해 의사에 대한 수요가 급속히 증가하고 있는 점이다.

구체적으로 일부 전문가들은 현재 한국의 의사 수가 OECD 국가 평균 대비로 7만~8만 명 부족하고, 현 정원의 유지를 고집할 경우 2030~2040년에는 적게는 1만 4천여 명, 최악의 경우에는 4만여 명까지도 부족해질 수 있다고 주장하고 있다.

무엇보다 의료 현장에서 병변에 맞는 의사들을 만나기 힘든 사례들이 끊임없이 발생하고 있고, 그 해결책은 근본적으로 의사 수를 증가시켜야 해결됨에도 불구하고 의사들은 의사 수를 늘리는 것으로는 그러한 문제가 해결되지 않는다고 주장한다.

마치 이빨 사이에 낀 고깃살이 역겹게 썩어가고 있는 것 같아서 안타깝기 그지없다.

정부는 물론이러니와 국회와 사회 각계가 나서서 원만한 타결책을 모색하여 시급히 문제가 해결되었으면 하는 바람이다.

이쑤시개가 절실하다.
제발, 답답한 세상 시원히 뚫어나 보세~
제발, 답답한 세상 시원히 뚫어나 보세~
제발, 답답한 세상 시원히 뚫어나 보세~ 뚫어나 보세~

책 속 나들이

샬롬, 아나톨리아

아나톨리아 반도(튀르키예)는
인류 최초의 메소포타미아 문명 발상권역이자
그리스 · 로마 신화의 대지이며
그리스도교 초창기 고난의 흔적과
찬란했던 비잔티움제국 천 년의 문화와 그리스도교 유산
오스만제국 600년과 이슬람 유적
경이로운 자연경관
그리고 동서 교역의 핵이며 아시아와 유럽이 공존하는
축복의 땅이다.

샬롬 아나톨리아

오연복 시 / TD박준호 / SUNO 곡 · 노래

ver.1 K-가곡

ver.2. 성가곡

비옥한 초승달 메소포타미아 문명을 열고
태초의 기운 서려 신들의 공연장이었다네
하늘의 섭리 닿아 종교의 축복이 서린 땅
동서양 문물이 만나온 실크로드의 교차로

폐허의 성지는 영광의 시대들을 웅변하고
찬란한 역사는 웅장한 유적들을 남겼다네
고난의 복음은 중세 이천 년의 빛과 소금
천혜의 대자연은 튀르키예의 무궁한 축복

수많은 발자취 남기고 간 영광의 시간들
오랜 침묵 속에 메아리치는 약속의 노래여
과거와 현재를 잇는 이 땅, 희망을 심으리
영원히 빛날 아나톨리아, 샬롬 아나톨리아!

(후렴)
유럽과 아시아가 어우러지는 평화의 땅
아나톨리아 아나톨리아 샬롬 아나톨리아

카파도키아 열기구
(튀르키예 열기구 명소는 카파도키아와 파묵칼레가 대표적이다)

메소포타미아 문명의 발상권, 아나톨리아

약 10년 만에 디뎌가는 두 번째의 튀르키예 여정이다. 인류 최초 문명의 발원지이자 신화와 종교, 찬란한 역사와 경이로운 자연경관이 어우러진 팔색조 매력의 땅은 으레 겸허와 경건과 관조의 상념에 젖어 들게 한다. 2025년 11월 중 · 하순의 튀르키예는 온대 · 스텝 · 지중해성 등 다양한 기후대를 거치면서 산간 · 평야 · 고원 · 해안을 여행하는 동안 기후대별 큰 편차 없이 한국의 한가을처럼 쾌청하였다. 튀르키예는 유럽권과 아시아권이 잇닿는 곳이며 약 1,123년간 지탱하여 전 세계에서 가장 오래 지속된 비잔티움제국(동로마제국)에 이어진 624년 역사의 오스만제국의 후예이다.

거슬러 올라가면 티그리스강과 유프라테스강의 발원지로서 인류 최초로 태동하였던 메소포타미아 문명(B.C 4500년경) 발상권역이다. 더 나아가면 튀르키예 남동부 샨르우르파 주 외렌직군에는 "괴베클리 테페"라는 인공 구조물이 있는데, 세계에서 가장 오래된 석 구조물로서 B.C 9675년경인 무려 일만 일천 칠백(11,700)여 년 전에 조성된 것으로 추정되어 튀르키예 땅이 다른 문명권에서 감히 넘볼 엄두를 낼 수 없는, 절대 지존의 문명 요람임을 웅변하고 있다. 지금의 '이라크 · 시리아 · 쿠웨이트 · 이란의 후제스탄 일원 · 튀르키예의 남부' 지역이 옛 메소포타미아 문명권으로 티그리스강과 유프라테스강 하류 유역의 광활한 퇴적층을 이룬 "비옥한 초승달 지대"라고 불리는 곳에 자리하였다.

메소포타미아 문명은 청동기를 사용하던 수메르인이 "두르 샤루킨", "님루드", "아슈르", "마리", "바빌론", "우루크", "우바이드"를 비롯하여 여러 도시를 세우고 '거대한 계단식 신전 탑인 지구라트'를 조성하였는데, 성경에 등장하는 "바벨탑"은 당시 도시들의 대명사 격이었던 바빌론에 세워진 지구라트의 하나이다. 메소포타미아 문명은 세계 최초라는 타이틀을 많이 보유하고 있는데, 최초로 "60진법"과 "태음력"을 도입하였으며 인류 최초의 문자인 "쐐기문자(설형문자)"를 창안하였고 최초의 법전인 "함무라비 법전"과 인류 최초의 영웅 서사시인 "길가메시 서사시"를 남겼다. 성경의 창세기에 기록된 "에덴에서 발원한 네 개의 강" 중 '힛데겔'은 티그리스강, '유브라데'는 유프라테스강을 지칭한다. 유속이 빠른 유프라테스강은 터키를 지나면 바로 사막으로 흘러들어 약 60~70%의 물이 사막의 저수층으로 흡수된다.

국토의 60% 이상이 사막인 시리아는 생존에 절대적으로 필요한 지하수가 되며 이 저수층의 지하수가 암반을 만나서 솟아오르는 것이 중동의 오아시스이다. 따라서 튀르키예에서 발원한 강물은 중동의 밑바닥에 흐르는 소중한 젖줄인 것이다.

메소포타미아 문명권(비옥한 초승달)

비잔티움 천 년의 찬란한 문화유산

세월의 마법은 튀르키예 입성의 관문을 거대한 이스탄불 공항으로 바꾸어 놓았다. 유서 깊은 아타튀르크 공항을 통하여 튀르키예에 첫발을 디뎠던 필자는 조형미가 도드라지는 커다란 공항의 모습에 격세지감을 느꼈다.

이스탄불 공항은 전 세계 취항 121개 국가, 300개 도시의 거미줄 노선망으로 세계 최대의 국제선 노선을 보유한 초대형 공항이며 2025년 현재 유럽에서 가장 이용객이 많은 공항이라고 한다. 이스탄불로 향하는 길목 곳곳에는 어니언 돔(양파 모양 반구형의 천장 건축물) 형태의 많은 모스크들이 한국의 무수한 교회 첨탑을 방불케 한다.

이스탄불은 지배 세력에 따라 여러 차례 이름이 바뀌었는데 초창기에는 라고스(Lagos), 기원전 7세기 그리스인들이 세운 도시 이름은 비잔티움(Byzantium), 330년 콘스탄티누스 대제가 동로마제국을 수립하며 수도로 정하면서 콘스탄티노플(Constantinople)로 불리다가 1453년 오스만제국 건국 이후 현재까지는 이스탄불(Istanbul)로 정착되었다.

각 명칭은 도시의 지배 세력과 문화 · 종교적인 정체성 변화를 반영한다. 비잔티움을 아우른 콘스탄티노플 시기는 동로마제국의 중심지이면서 그리스도교가 찬란한 꽃을 피웠다. 비잔티움 문화유산은 그리스 · 로마를 전승하면서 그리스 정교를 바탕으로 건축 · 예술 · 법률 · 지식 이 발전하였고, 성 소피아 성당과 유스티니아누스 법전 및 모자이크 · 성화로 대표된다. 비잔티움의 절정을 이룬 신앙 표현의 발로發露로써 금색 모자이크와 성화가 발달하였다.

그리고 로마법을 집대성한 유스티니아누스 법전은 훗날 유럽 법체계의 근간이 되었다. 그리스어를 공용어로 사용하면서 신화와 고전을 유지 보존하여 르네상스에 큰 영향을 끼쳤다.

또한 동방 정교와 그 문화는 러시아 · 동유럽에 뿌리내렸고, 건축 · 예술은 오스만제국과 러시아 등지로 파급되었다.

이스탄불 시대는 오스만제국과 이슬람교, 근대 유럽과 아시아의 교차로 역할을 하였다. 비잔티움 양식은 돔과 모자이크, 대리석 장식 등 화려하고 집중적인 모색을 하면서 그리스도교의 특색을 잘 나타내었고 오스만제국에서는 첨두아치 · 미너렛 · 모스크 등 이슬람적 요소가 두드러지고 실용성과 공간의 개방성이 강조되었다. 이스탄불 히포드롬 광장 곁으로 비잔티움 시대의 걸작인 "성 소피아 대성당(아야소피아)"과 오스만제국 때 건립되었고 세계에서 가장 아름다운 모스크로 불리는 "술탄 아흐메트 모스크(블루모스크)"가 가까이 자리하고 있어서 양대 문화양식을 견주어볼 수 있다. 현재 아야소피아는 비계를 설치하여 대대적으로 외부 보수공사가 진행 중이며 블루모스크는 내부 일부의 보수공사가 진행 중이지만, 두 곳 모두 관람하는 데는 무리가 없었다.

외부 보수공사 중인 성 소피아 대성당

술탄 아흐메트 모스크 내부(일부)

지금 두 곳 모두 모스크로 사용하고 있는데, 성 소피아 대성당은 그리스어 "하기아 소피아"에서 유래하여 "성스러운 지혜"라는 뜻을 지녔으며 예수 그리스도를 이름한다. 중앙 돔은 지름이 약 31m, 바닥에서 천장까지의 높이가 57m로 웅장하며, 중앙 돔 하단부에 있는 40개의 창문을 투과하는 빛은 신비한 분위기를 연출한다.

중앙 돔과 돔을 지지하는 트러스트 셀, 즉 기둥 및 벽면에는 모자이크와 프레스코화 기법의 많은 성화들이 새겨졌다.

그런데 이슬람 건축 양식으로 전환되면서 계단 형식의 설교단인 “민바르”와 메카의 방향을 나타내는 벽감(壁龕 : 벽면을 오목하게 파서 만든 공간)인 “미흐랍”이 추가됐고, 외부에는 네 개의 첨탑尖塔 “미나렛”도 세워졌다. 성당의 십자가는 내려졌고, 벽면을 장식하고 있던 수십 개의 성화도 회칠로 덮였다.

현재 일부가 손상된 채로 드문드문 감상할 수 있는 성화는 박물관으로 바뀌었을 때 회칠을 벗겨내고 복원한 것이라고 한다.

성 소피아 대성당 이웃에 자리 잡은 술탄 아흐메트 모스크는 커다란 돔을 중심으로 수많은 작은 돔이 의지하는 형태로 구성되어 있다.

비잔티움 당대 최고 최대의 성당 건조물인 성 소피아 대성당을 시샘하여 보다 우월한 모스크를 짓고자 하는 신념의 산물이다. 현존 최고의 성당 모습을 나타낸다고 하는데, 이웃에 있는 “성 소피아 성당”을 참배하다 보면 참됨의 진리를 깨우치게 된다. 성스럽게 경배해야 할 주요 성소를 천이나 회칠로 가려야 했던 만만찮은 세월은 육백 년의 화를 누렸으며 세월은 점층법을 이수하였다. 돔 위에는 황금색 장식을 달았고 맨 꼭대기에는 이슬람을 상징하는 별과 초승달을 얹었다. 이 모스크는 전 세계에서 여섯 개의 미나렛을 갖고 있는 유일한 모스크로 내부는 약 2만 1,000개에 달하는 파란색의 이즈닉 타일과 260개의 유리창으로 장식되어 있다. 파란색의 타일이 많은 사원이라 하여 “블루모스크”라는 이름으로 불리게 되었다.

성 소피아 대성당과 술탄 아흐메트 모스크를 끼고 있는 “히포드롬 광장”은 현재는 흔적을 찾아볼 수 없지만, 3세기 초에 원형경기장으로 지어졌던 로마 시대의 전차경기장이었다. 영화 ‘벤허’의 전차경주 장면 배경이 된 곳이기도 하다. 경주할 때 다양하면서도 다이내믹한 전술 등이 펼쳐졌기에 당시에는 키르쿠스(Circus)라고 불렸고, 이는 영 단어 서커스(Circus)의 기원이 되었다고 한다. 비잔틴 제국의 중요한 국가 행사가 이곳에서 개최되었는데 유스티니아누스 1세 때인 532년, 황제에 대한 불만으로 반란이 일어나서 3만 명 이상의 사망자가 발생한 '니카의 난' 때 폭도들을 진압하여 처형한 비운의 장소이기도 하였다. 지금은 공원으로 변신하여 이스탄불 시민들과 여행객들에게 여유로운 쉼터가 되고 있는데, 유서 깊은 3개의 기둥이 세워져 있다. 광장 들머리에 있는 기둥은 이집트 카르나크 아몬 신전에서 가져온 것으로 '이집트 오벨리스크'라고 불리는데 기단에는 경기를 관전하는 테오도시우스 황제의 모습이 조각되어 있고 오벨리스크 건립에 관한 비문도 남아 있다.

광장 한가운데는 큰 뱀들이 서로 엉켜 있는 청동 기둥이 서 있는데 BC5세기 페르시아군을 물리친 그리스인들이 제작한 전승 기념비로 콘스탄티누스 대제가 그리스 델포이 아폴론 신전에서 가져온 것으로 전해진다. 광장 끝 쪽으로 19세기 말 독일 황제 빌헬름 2세가 오스만제국의 술탄 압둘 하미드에게 선물한 분수대가 있다.

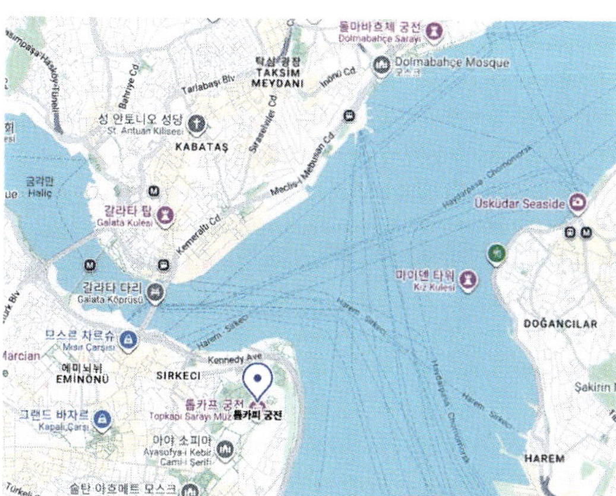

이스탄불의 주요 문화 유적 지도

광대하고 화려했던 오스만제국

오스만제국은 1453년 콘스탄티노플을 정복한 후 1517년 칼리프 국(이슬람의 중심 제국)으로서 1922년까지 서아시아 · 북아프리카 · 남동유럽을 지배한 광대한 제국이다. 오스만 1세가 아나톨리아 북서부에서 건국했고, 1354년 발칸으로 진출해 세 대륙에 걸친 제국을 세웠으며 메흐메트 2세가 콘스탄티노플을 점령해 비잔티움을 멸망시켰다. 600년 넘게 아시아와 유럽을 잇는 교역의 중심으로 번영을 누리며 톱카프 궁전과 돌마바흐체 궁전, 술탄 아흐메트 모스크 등의 화려한 유산을 남겼으며 미니어처 회화와 시 등 예술 분야와 의학 · 천문학 · 수학 등이 발전하였다. 1876년 헌법에 이슬람을 제국의 국교로 규정했으면서도 밀레트 제도에 의해 다른 종교 및 그들의 종교법 또한 존중하였다. 18세기 말 방만한 군사력과 극도의 사치 향락으로 인한 재정의 고갈로 서구 열강에 연패하며 '유럽의 환자'라는 조롱거리가 되었고 1차 세계대전에서 패배하면서 중동 영토를 잃었다. 1922년 급기야 "무스타파 케말 아타튀르크"가 오스만 제정을 폐지하고 "튀르키예 공화국"을 건국하여 오늘에 이르렀다.

오스만제국은 비잔티움 문화를 계승하여 장엄한 이슬람 사원을 세우고, 동서 문화를 더욱 융합시켜 새로운 문화 현상을 조성하기도 하였지만 말기에는 극도의 사치와 향락으로 인하여 몰락의 길을 걸었다. '술탄 아흐메트 모스크'와 '톱카프 궁전 박물관 단지'는 이스탄불 구시가지의 역사적이고 상징적인 반도인 사라이부르누에서 마르마라해와 보스포루스 해협이 내려다보이는 곳에 자리한다. 톱카프 궁전은 15세기에 건립되어 황제와 가족이 거주하면서 제국을 통치한 곳으로, 아름다운 건축물과 장식, 보물관, 정원 등 오스만제국의 역사와 휘황한 문화를 살필 수 있는 장소이다. 돌마바흐체 궁전은 무려 14톤의 금과 6톤의 은으로 치장하여 톱카프 궁전의 2궁으로 지어졌으며 오스만제국의 화려하고 사치스러운 건축 양식의 극치를 보여준다. 285개의 방이 있으며, 금 · 크리스털 · 대리석 등으로 장식되어 '미니 베르사유'라는 별칭이 있다.

톱카프 궁전의 위용

보스포루스 해협에서 바라본 돌마바흐체 궁전

▶ 골든혼의 물결에 휩쓸려 간 비잔티움과 그리스도교

골든혼은 지리적으로 흑해와 마르마라해를 잇는 좁은 만으로, 역사적으로 동서 문명의 교차로 역할을 해왔고 전략적으로 매우 중요한 요충지였다. 또한 동로마(비잔티움)제국과 오스만제국, 그리스도교와 이슬람교가 엇갈리는 운명의 시작점이기도 하였다.

1,123년 간의 유장하고 찬란했던 동로마제국!
그리스도교 역사상 가장 중요한 역할을 한 인물의 한 사람인 로마제국 제44대 황제 "콘스탄티누스 1세"가 비잔티움을 콘스탄티노플로 개칭하여 수도로 정하면서 서막을 연 동로마제국은 로마제국 제53대 황제인 "테오도시우스 2세(AD408. 5. 1 ~ AD450. 7. 28)"가 7살의 나이로 즉위하면서 당시의 훌륭한 행정가이자 외교가인 민정총독 "안테미우스"의 섭정을 받게 된다.

안테미우스는 폴리스를 보호하고 방위 하고자 413년부터 약 12m 높이에 20km에 이르는 성벽을 쌓아서 콘스탄티노폴리스를 난공불락의 요새로 만들었다. 이른바 '테오도시우스 성벽'이다. 해자(성 주변에 파 놓은 물웅덩이)를 갖추고 있는 성벽으로, 해자 뒤의 흉벽과 너비 2미터 높이 5미터인 내성벽, 너비 5미터 높이 12미터인 외성벽의 삼중으로 구축하였다. 특히 내성벽과 외성벽에는 각각 96개씩의 망루가 설치되어 있어 적을 견제하기에 알맞았다. 이 성벽은 콘스탄티노폴리스 전체를 감싸고 있었는데, 테오도시우스 성벽 바닷가 쪽은 외겹으로 되어 있었지만 매우 견고하였고, 성벽을 철통 방호하는 또 다른 무기가 콘스탄티노폴리스의 전략적 내항인 골든혼(황금 뿔)을 만고의 안전지대로 만들어 주었다.

골든혼 어귀 물 아래에 매우 굵은 쇠사슬을 가로로 걸쳐놓아서 무려 1,000년의 세월 동안 그 어떤 무장선이라 할지라도 진입할 수가 없었던 것이다.

그 1,000년의 철옹성이 메흐메트 2세의 허를 찌르는 전술 아래 점령당한다. 당시 21세였던 정복자 메흐메트 2세는 산기슭에 통나무를 깐 다음 기름칠해 미끄럽게 만들고 황소와 사람들이 끌어가며, 산을 넘어 함대를 골든혼으로 옮겨서 공격을 가하는 과감한 전법을 구사하였다. 그리고 치열한 전투 중에 이슬람 병사 몇 명이 반쯤 열린 작은 쪽문을 통과하여 오스만제국의 깃발을 게양하였고 군사들이 물밀듯이 몰려들어 함락의 나팔을 불었다. 콘스탄티누스 11세 왕관이 벗겨지며 로마의 종말과 함께 그리스도교와 찬연한 비잔티움 문화는 역사의 뒷전이 되었다. 다행인 것은, 메흐메트 2세가 수도 이름을 이스탄불로 개칭하면서 이슬람의 칼리프를 자처하고 유지하였지만, 패망한 로마제국과 그리스도교의 유적에 대한 파괴를 최소화하면서 성스러운 아이콘을 천이나 회분칠로 가린 채 모스크 등으로 전환하여 사용하고 있다는 점이다.

그 후 600여 년을 구가하던 오스만제국은 제1차 세계대전 패망과 함께 몰락하였으며 제국의 장군이었던 무스타파 케말 아타튀르크가 오스만 제정을 폐지하고 터키공화국을 수립하여 오늘에 이르고 있다.

아타튀르크는 세속주의를 표방하면서 국교를 채택하지 않고 이슬람의 색채를 약화하여 여성에게 복장의 자율화와 교육권, 참정권을 부여하였다. 일부일처제를 확립하고 문자를 정비하여 문맹률을 크게 개선하는 등 여러 방면에서 국가의 초석을 다진 터키의 국부로 추앙받고 있다. 터키공화국은 2021년 10월에 튀르키예 공화국으로 명칭을 변경하였다.

19세기에 이스탄불에서 복무하던 프랑스해군 장교와 오스만의 기혼 여성 아지야데의 금기된 사랑 이야기가 깃든 "피에르 로티 언덕"에서 탁 트인 골든혼의 바하리예 섬과 테케공원을 내려 보면서 물결에 일렁이는 비잔티움과 오스만 역사의 갈피를 더듬는다.

지금 필자가 서 있는 이 언덕은 군인이자 작가였던, 사연의 주인공 피에르 로티의 이름을 따서 부르고 있다. 서로의 처지로 볼 때 결코 이룰 수 없는 두 사람의 사랑 이야기는 뭇시선을 피하기 알맞은 공동묘지가 있는 이 언덕에서 속삭여졌다. 그러던 중 피에르 로티는 프랑스로 돌아가게 되었고 아지야데는 금기된 사랑을 한 대가로 가족들에게 명예살인을 당하게 된다. 피에르 로티는 훗날 이곳으로 돌아와서 아지야데를 찾았지만, 사랑하는 여인이 이 세상에 없음을 알게 되자 슬픔을 삭이면서 소설 "아지야데(1879년 발표)를 썼다. 그 이후 명소가 된 이 언덕은 많은 사람들이 찾고 있고 언덕 아래 공동묘지에는 이스탄불을 증언하는 시민들과 더불어서 시인과 소설가 등 작가들도 뜰을 이루어 영면하고 있다. 어찌 보면 서로 금기의 영역에서 엇갈릴 수밖에 없었던 운명, 즉 골든혼에서의 '역사 갈림'이나 골든혼의 물결을 내려다보는 피에르 로티 언덕의 '인연 갈림'은 숙명의 한통속인지도 모를 일이다.

세월의 눈빛은 무궁한 해님을 그리고, 세월의 가슴은 안식의 달님을 향한다. 그러나 정작 눈빛이 떨구는 눈물은 사연의 그림자를 밟고 가슴으로부터 흘러내리는 한숨은 휑한 풍경만 되뇐다. 그래서 튀르키예의 깃발에 초승달이 펄럭이는지도 모른다.

피에로 로티 언덕에서 바라본 골든혼

▶ 당근과 천연 광천수의 베이파자르

베이파자르는 청동기 시대인 BC17세기경의 히타이트 때부터 프리기아·로마·비잔틴·셀주크·오스만 제국에 이르기까지 지리적·경제적 거점으로 중요한 역할을 하였다. 앙카라주 서쪽의 작은 도시로, 터키 당근의 약 60%를 생산하는 곳이고 은세공품과 천연 미네랄 광천수, 유리 제조용 천연 소다 산출로 유명하다. 베이파자르에서 용출되는 질 좋은 천연 광천수는 당근 생산지로서 최적의 여건을 제공하며 흰색의 고풍스러운 오스만 건축물과 자갈길로 이어지는 골목 등의 평화로운 마을 풍경은 영화나 드라마 촬영지로 인기가 높다고 한다. 17세기 카라반사라이, 13세기 모스크, 박물관 등이 주요 관광지이다.

도시로 접어들 때, 대형 탄산수 모형이 커다란 동상처럼 우뚝 솟아있는 모습이 눈에 띈다. 중심부에 시계 광장이 있는데 그 아래쪽으로는 오일장 같은 재래시장이 들어선 듯 과일과 채소 등을 파는 난전이 길게 늘어서 있고 북적이는 사람들이 흥미롭다. 필자가 마을 길을 거니는 동안, 길 양쪽 상점에 즐비하게 걸려있는 말린 채소 타래가 눈길을 끌고 당근 주스를 따라 권하는 아낙네들의 모습이 정겹다. 겨우살이 등 자연 약재를 팔고 있는 가게와 생활 도기 · 금속 세공품 가게에도 면면한 역사의 흔적이 보인다. 전통시장을 벗어나서 마을 안쪽 성당의 어니언 돔 위로 파란 하늘이 펼쳐지는 아기자기한 삼거리 길은 눈길 가는 곳마다 사진 명소가 된다.

베이파자르 전통시장

베이파자르 마을 안 삼거리

베이파자르는 매년 6월에 전통 가옥, 수공예품과 주산물인 당근, 스튜 등을 주제로 축제가 열린다고 한다. 이곳이 당근으로 대표되듯이 튀르키예는 지역별 특산물로 유명한 곳들이 있다.

아나톨리아 지역과 지중해 연안에서는 세계적으로 우수한 품질의 "올리브 오일"이 생산된다. 토로스산맥 동부 지역에서는 "소나무꿀"이 유명한데 말라타이 산을 으뜸으로 친다. 안탈리아 서부 지역 이즈미르 특산물은 "장미 오일"이며 이스탄불 등지에서도 생산한다. 말라티아를 비롯한 동부 아나톨리아에서 “살구”가 많이 생산된다. 튀르키예를 대표하는 젤리 형태 간식인 “로쿰”은 이스탄불, 부르사 등지에서 다양한 맛과 형태로 만들어진다.

튀르키예 특산물은 평소 튀르키예인들의 식탁이 그러하듯이 인위적인 가공 첨가물 없이 건강에 좋은 천연 성분이 풍부해 선물용이나 건강식품으로 인기가 높다. 초원을 누비던 돌궐족의 순수함이 이어져 온 듯하여 형제 나라에 친근함이 깊어진다.

카파도키아 가는 길

베이파자르에서 카파도키아로 가는 길에 앙카라에 들렀다. 앙카라는 튀르키예의 수도이자 두 번째로 큰 도시로 BC2,000년 경 히타이트인들이 터를 이루었고 알렉산더 대왕의 헬레니즘 제국이 거쳐 갔으며 켈트족의 지배하에 있다가 BC25년 아우구스투스에게 점령되어 로마의 속주가 된 매우 유서 깊은 도시이다. 4세기경에 앙카라는 그리스도교가 융성하였으며 현재 아우구스투스 신전과 율리아누스 기둥, 로마 시대 극장, 카라칼라 목욕탕 등의 로마 유적이 복원 중이다.

튀르키예인들로부터 가장 큰 존경을 받는 터키공화국 “무스타파 케말 아타튀르크” 초대 대통령, 튀르키예의 대표적인 여성 작가인 “에브루 에이서” 등이 앙카라의 대표적인 인물이다. 무스타파 케말 아타튀르크는 튀르키예의 근대화와 세속주의 도입에 큰 영향력을 끼친 국부로서 앙카라의 “아타튀르크 영묘(아느트카비르)”에 묻혀서 사후에도 국민으로부터 많은 존경과 사랑을 누리고 있다.

앙카라에는 아타튀르크 영묘를 비롯하여 아타튀르크의 공화국 건국의 활약상과 그가 아끼던 비품들을 전시한 "공화국 박물관", 앙카라를 위시한 중부 아나톨리아의 전통 풍습과 유물이 전시된 "민족학박물관" 등이 있다. 또한 한국전쟁 당시 한국에 파병되어 전사한 튀르키예 병사들의 영령을 모신 "한국공원"이 있다. 공원 입구에 불국사 석가탑을 본떠 만든 9미터 높이의 "한국전쟁 참전 기념탑"이 있는데, 탑을 떠받친 지대부 벽면에는 전사자 724명의 이름이 음각되어 있어서 숙연한 마음으로 옷깃을 여미게 된다. 관리실은 한국식 한옥 건물로 단장하였고 휴게공간에는 한국식 팔각정이 세워져 있다.

앙카라 아타튀르크 동상

앙카라의 한국공원 입구

앙카라에서 카파도키아로 향하는 길목에는 검붉게 번져가는 여명이 대지를 어루만지다가 동쪽으로 길을 터 가는 리무진 버스 차창 너머로 광활한 아나톨리아 평원의 살결에 은혜로운 햇살이 물결치기 시작한다. 아침의 속삭임에 순종하는 대지의 밀 싹은 황록색 기지개를 켜다가 창연한 햇살을 머금으면서 얼핏 설핏 감람녹색으로 일렁인다. 이따금 둥그레 솟아 오른 민둥산들이 스쳐 지나가고 옹기종기 모여 앉은 마을마다 어니언 돔의 모스크가 등대인 양 서 있다.

그렇게 햇살의 향연이 장막을 걷어가면서 물상들을 깨울 때 불현듯 드넓은 호수가 뽀얀 안개를 털어내고 있었다.

▶ 투즈괼 호수

다소 뜬금없는 휴게소 건물이 들머리가 되는 투즈괼 호수는 고대 지각변동으로 바다가 융기하여 호수가 되었으며 염분 함유량이 34%로 매우 높아서 튀르키예 전국 생산량의 약 60%의 소금을 생산하고 있다. 투즈괼은 여름에는 물이 줄어들어서 호수 가장자리로부터 호수 안쪽 먼 곳까지 하얀 소금벌이 형성되고 겨울에는 물이 차올라서 호수가 된다. 특히 4~6월과 9~10월에는 염분의 농도가 높아지면서 수면에 붉은 조류가 번성해서 핑크빛을 띤다고 하는데 필자가 방문한 11월 중순에는 호수 안쪽으로 갈수록 마치 그러데이션으로 농도를 더하듯이 점점 흰색 층이 짙어가는 소금밭만 펼쳐져 있었다. 12월부터 이듬해 4월까지는 물이 차오른 호수 위로 반사된 몽환적인 하늘 풍경을 마주할 수 있다니 아쉬운 세월의 행간에서 계면쩍게 서성일 따름이었다.

소금은 인간을 비롯한 동물들의 생명을 유지하는 데 없어서는 안 될 소중한 존재로서 실크로드를 통한 매우 중요한 교역품이었고 중세에는 황금보다 귀히 여겨 소금으로 급여를 지급한 데서 라틴어 sal(소금)과 지급하다가 결합한 Salarium에서 월급(Salary)이라는 용어가 생겨났다.

소금의 연상어로써 천일염, 암염, 정제염, 죽염 등의 종류와 특수 여건의 소금 생산지를 들 수 있다. 특수한 소금 생산지로서는 암염 생산지로 유네스코 문화유산인 오스트리아의 할슈타트 소금 광산과 잉카 시대로부터 이어 온 페루 살리네라스 소금 광산 등이 있다. 소금으로 거대한 평원을 이루고 있는 중국 차카염호와 인도 소금의 무려 90%를 생산하는 구자라트는 소금 결정체로써 거대한 평원을 이루고 있다.

또한 해발 3,653m 고도에 위치하며 전 세계 사막 호수 중 가장 큰 볼리비아우유니 사막은 언제나 여행자들의 발길을 유혹한다.

우유니 사막의 큰 매력 중 하나는 우기 때인 12월~3월에 야트막한 수면에 마치 거울처럼 비치는 하늘의 환상적인 정경인데, 계절에 따라 다른 모습을 연출하는 투즈괼 호수의 신비로움에 자주 비견된다.

휴게소 내 투즈괼 입구

11월 중순의 투즈괼 호수

▶ 고난의 지하도시, 축복의 성지가 되다 – 데린쿠유

데린쿠유 입구에 다다르자 절로 숙연한 경외심이 밀려든다. 고대 세계 8대 불가사의로 꼽히는 데린쿠유는, 동로마제국 시기에 이슬람의 박해를 피하여 그리스도인들이 집단으로 은거하였던 독실한 신앙의 표상으로서 역사적인 공간이다. 데린쿠유라는 이름은 튀르키예어로 '깊은 우물'이라는 뜻으로, 환기구 역할을 하는 직경 1m 규모의 구멍이 도시를 수직으로 관통하고 있는 것에서 유래한다. 수직 환기구와 그를 잇는 보조 환기구들은 지하도시를 유지하는 데 없어서는 안 될 가장 중요한 장치였다.

카파도키아 지역에서 발견된 36개 지하도시 중 최대 규모인 데린쿠유 지하도시의 최대 깊이는 85m로 지하 8층 이상의 규모인데, 안전상의 문제로 지하 30m까지만 공개 중이다.

전성기 때는 최대 2만 명 이상 살았을 것으로 추정되며 내부에는 교회, 학교, 곡물창고, 가축 농장, 포도주 저장소, 감옥 등 다양한 시설이 갖춰져 있어서 신앙과 생존을 동시에 추구한 공동체적 삶을 짐작하게 한다. 동굴 통로 곳곳에 맷돌 모양의 미닫이 바위문을 장치하여 적들을 방어하는 수단으로 활용한 모습에서는 절박한 지혜를 엿보게 되기도 한다. 아나톨리아 반도 중앙부의 카파도키아 고원 지하에는 200개가 넘는 도시가 있는데 데린쿠유는 그중 규모가 가장 큰 지하도시이다. 지하 유적 입구의 가까운 지상부에는 작은 마을과 지상 유적인 성 테오도르 성당이 자리하고 있다.

초창기에는 작은 동굴로 시작되었을 터인데 부드러운 지질로 이루어진 화산암 지대는 동굴의 영역을 확장하는 데 비교적 수월한 여건을 제공하였을 것이다.

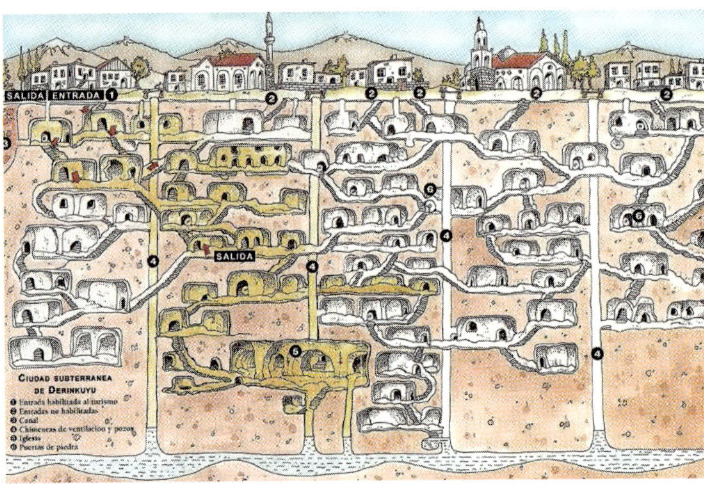

지하도시의 구조도

한편, 지하도시는 BC7~8세기경에 프리기아 인들에 의해 조성되었다고 튀르키예 정부에서 발표하였다. 프리기아는 아나톨리아의 서부 중앙 지역, 오늘날의 트뤼키예 사카라이강을 중심으로 자리 잡았던 왕국으로 그리스어를 사용하였고 그리스도교를 받아들였다. BC 8세기 후반 그리스 신화에 황금의 손으로 등장하는 "미다스 왕" 때 서부 및 중앙 아나톨리아 대부분을 지배했고 동부 아나톨리아에서는 아시리아 및 우라르투와 세력을 다투면서 절정기를 구가하였다.

그리스도인들의 신심을 북돋아 주는 순례의 중요한 성지인 데린쿠유는 1985년에 세계유산으로 등재되었으며 죽기 전에 꼭 가봐야 할 세계 유적으로 꼽히는 곳이다.

데린쿠유의 통로 막이용 미닫이 바위문

성 테오도르 성당

▶ 지구촌의 외계 행성 마을, 카파도키아

6,000만 년 전 아나톨리아고원 에르지예스산의 거대한 화산 폭발이 있었는데, 푸석한 화산재는 응회암으로 굳어갔고 그 위를 현무암이 뒤덮었다. 무구한 세월 동안 고원의 계곡들은 깎이고 풍화되면서 절벽은 추상적인 자태로 흘러내렸으며 드넓은 계곡과 등성이에 오도카니 샐쭉샐쭉 솟아오른 기괴한 암석이 무리를 이루어 지구 속 외계 행성을 방불케 하는 풍경을 이루고 있다.

인류 최초로 달에 발을 디딘 닐 암스트롱은 카파도키아를 보고서 "진작에 여기에 와 보았더라면 굳이 달에 가지 않았을 텐데"라며 농반진반의 우스갯소리를 남기기도 하였다. 카파도키아는 괴레메 국립공원 일원의 "야외 박물관", "우치히사르 성채", "파샤바 계곡"이 대표적이며 수백 개의 '동굴교회 · 수도원'과 지하도시 "데린쿠유"까지 아우르는 유네스코 세계 복합유산이다.

파샤바 계곡은 신기한 외경으로 인하여 다양한 대명사로 불리는 곳이다. 무수히 많은 버섯 형태의 바위가 남근석 같다고 하여 "러브 밸리", 동화 속의 세상 같아서 "요정의 굴뚝", 벨기에 작가 피에르 퀼리포르가 이 계곡에서 영감을 받아 작품화한 "개구쟁이 스머프"가 크게 유행하면서 "스머프 마을", 속세를 벗어난 성자가 수도하였다고 해서 "수도사의 골짜기"라고도 한다.

요정의 굴뚝은 화산재와 화산암 등 다양한 암석층이 복합적으로 쌓여 형성되었는데 요정 굴뚝의 기반이 되는 아래쪽 기둥은 부드러운 화산재층이 굳어서 만들어진 응회암이고 굴뚝의 버섯 모양 머리 부분은 단단한 용암층인 현무암으로 구성되어 있다. 굴뚝처럼 솟은 기둥에 버섯 모양으로 덮인 요정 고깔의 색깔은 함유한 광물에 따라서 회색 · 적갈색 · 노란색 · 분홍색 · 흰색 등 다양하다.

우치히사르 성채는 카파도키아에서 가장 높은 해발 1,270m의 성채로서 터키어로 "3개의 요새"라는 뜻이 담겼다. 과거 수도사들이 비둘기를 길러 '비둘기 골짜기'라고도 불린다. 신비로움을 자아내는 성채는 당시에 만들어진 좁은 통로와 계단, 비둘기 사육용의 작은 동굴집 등을 볼 수 있다.

비둘기는 애완용, 전령용, 식용 등으로 키워졌으며 비둘기알에서는 프레스코화의 재료인 안료를 채취하였고 배설물은 포도 농사의 거름으로 활용하였다.

괴레메 야외 박물관

요정의 굴뚝

우치히사르 성채에 오르면 카파도키아의 환상적인 정경과 아울러 외계 행성 같은 카파도키아를 창출한 에르지예스산까지 파노라마로 즐길 수 있다.

괴레메 야외 박물관은, 동방수도원 제도의 창시자로 알려진 바실리오(330~379) 성인이 고향인 카파도키아 카이사레아의 주교로 사목하면서 그를 따르는 은둔형 수도자들이 생활하게 되었으며 그로부터 동굴 수도원이 확산되는 계기가 되었다. 세계 최대의 암석 교회단지로서 250여 개의 교회가 있는 것으로 집계되고 있다.

성스러운 프레스코화를 볼 수 있는 성 바실리우스 교회, 성 바바라 교회 등으로 대표되며 특히 신약성서에 기반한 예수의 생애를 그린 프레스코화가 장엄하게 묘사된 "동굴 속 암흑 교회"는 야외 박물관의 백미인데 훼손 방지를 위해 촬영을 불허한다.

무궁무진한 기암 괴봉들로 채워진 카파도키아 중 쌍봉낙타를 꼭 닮은 형상을 한 데블란트 밸리의 "낙타바위"도 매력적이며 훌륭한 포토 스팟이다.

셀리메 수도원

으흘라라 계곡 끝자락의 셀리메 수도원은 카파도키아에서 가장 큰 동굴 수도원으로 한 번에 최대 5,000명을 수용할 수 있었다고 한다. 수도원이지만 11세기경에는 실크로드 상인과 동물을 최대 3일간 무료로 숙박시키는 착한 카라반세라이 역할도 하였다. 1985년부터 박물관으로 개장하여 대성당, 예배당, 주방, 홀, 터널, 저장 공간, 주거 공간 등과 벽화와 문자의 흔적을 볼 수 있다.

카파도키아(멀리 보이는 산이 에르지예스산이다)

▶ 생동감 넘치는 광대무변의 땅, 콘야

외계의 비경을 옮겨놓은 듯 경이로운 카파도키아를 떠나 지중해 최대 휴양 도시 안탈리아로 향한다. 버스로 약 9시간의 대장정인데, 튀르키예 버스 운행 규정상 2시간 운전 후 15~30분간 휴식이 필수인 "타코"가 적용되어 약간의 시간이 더 소요될 수도 있다. 콘야 주의 광활한 대평원과 산업단지를 지나 토로스산맥을 넘어서 가는 여정이다. 콘야 대평원은 튀르키예 중남부 콘야 주에 펼쳐진 광활한 곡창지대로, 비옥한 토지가 끝없이 이어지면서 지평선을 이룬다. 남한 면적의 절반 크기에 달하는 튀르키예 최대 곡창지대로서 튀르키예 모든 국민이 1년 동안 먹고도 남을 만큼의 밀과 양질의 해바라기, 옥수수, 사탕무 등이 생산되는 곳이다.

대평원을 달리는 차 창 너머로 융단처럼 펼쳐지는 감람녹색의 밀 싹들과 듬성듬성 오붓하게 더미로 쌓아놓은 하얀 사탕무 모습이 정겹게 스쳐 간다. 튀르키예에서는 설탕 수입이 금지되며 자국에서 소비하는 설탕의 100%를 사탕무에서 추출하는데, 자당蔗糖 성분의 사탕수수 설탕에 비하여 사탕무 설탕은 첨채당甛菜糖으로 분류한다. 샐러드나 스무디, 바클라바 등에 많이 쓰이고 우리 교민들은 깍두기로 담가 먹기도 한다.

대평원을 1시간 반가량 달릴 즈음 문득 대규모의 산업단지가 시야를 가득 메운다.

콘야에 접어드는 길목을 20분 이상 쌩쌩 달려도 차 창밖은 가동 중이거나 새로 짓고 있는 커다란 공장들이 즐비하게 늘어선다. 싱그러운 작물은 대평원에서 고귀한 생명의 싹을 틔우고 약동하는 산업단지는 콘야의 대지에서 젊음과 활기로 생동감 넘치는 미래의 꿈을 키우고 있다.

콘야는 고대부터 아나톨리아 반도의 동 · 서를 잇는 교통요지였으며, 실크로드 상인들의 주요 교역로이자 1세기 때 그리스도교 "이방인의 사도 바울"과 "성 바르나바"가 거쳐 간 곳이다. 중심가에 성 베드로와 성 바울 기념성당이 있고, 근교에는 그리스도교를 공인한 콘스탄티누스 1세의 어머니인 "성녀 헬레나"가 327년에 예루살렘으로 가던 도중 세운 「아야 엘레니 성당」이 있는데, 이 성당은 아나톨리아 내에서 현존하는 가장 오래된 성당 건물로 여겨진다. 그리스도교 신자들의 주요 성지 가운데 한 곳이다.

또한, 관광 명소로 실크로드 상인들의 숙소였던 카라반사라이와 지진으로 꺼진 싱크홀에 지하수가 채워져 형성된 담수호인 오브룩 호수가 한곳에 있는 「오브룩한」이 인기를 끌고 있다.

아야 엘레니 성당

오브룩 호수

신화와 휴양의 도시 안탈리아

국토 면적의 약 3분의 1이 석회암 지대인 튀르키예는 지하 하천이나 깊은 계곡과 같은 카르스트 지형이 골고루 분포하고 있다. 그중 가장 넓은 면적의 카르스트 지역이 토로스산맥인데, 콘야 대평원과 지중해 휴양도시인 안탈리아의 경계를 이루고 있다.

필자가 전에 여행할 때는 "시련의 길"이라고 불리며 급격한 곡선이 거듭되는 가파른 경사의 토로스산맥 산악도로를 통과하면서 폭설을 경험하였는데, 지금은 "보ğ삭터널"이 개통되어 편안하게 안탈리아를 향해 달린다.

안탈리아는 지중해성 기후대로 일조량이 풍부해서 올리브를 비롯하여 오렌지, 레몬, 복숭아 등 다양한 과채류가 생산되며 특산품으로 올리브유와 소나무꿀이 유명하다. 소나무꿀의 밀원은 소나무꽃이 아니고 토로스산맥의 풍부한 소나무에 기생하는 "말라코니"라는 곤충의 당분이 많은 분비물에서 꿀벌이 채집하여 꿀을 형성한 것이다.

하드리아누스 문

이블리 미나레

안탈리아 구시가지에 로마 오현제 중 세 번째 황제인 하드리아누스가 130년에 안탈리아 방문 기념으로 세운 3개의 아치형으로 된 "하드리아누스 문"이 있다. 안탈리아의 상징이자 랜드마크인 "이블리 미나레"는 건물에 장식된 파란색 타일에서 이름이 유래되었으며 셀주크왕조 때 아나톨리아 건축의 모든 구조적 요소를 포함하여 건립되었다. 오래된 칼레이지 거리는 좁고 구불구불한 줄무늬 블록이 매력적이며 동로마제국과 오스만제국의 건축물과 유적들, 카페 · 레스토랑 등으로 개조된 전통 가옥이 독특한 풍광을 연출한다.

튀르키예 3대 박물관 중 하나인 「안탈리아 고고학 박물관」은 구석기 시대부터 비잔틴 제국 시대에 이르기까지 다양한 유물들이 시대순으로 전시되어 있다. 고대 그리스 문명은 그리스에서 시작된 것이라기보다는 튀르키예 지중해에서 비롯된 것이라 하여도 과언이 아니다. 아스펜도스, 페르게, 페티예, 보드룸, 밀레투스, 셀추크, 베르가마, 트로이 등 그리스 신화에 나오는 도시들은 대부분 튀르키예에 있다.

"만물의 근원은 물이다."라고 주장한 그리스 최초의 철학자인 탈레스(BC624~545)는 튀르키예의 밀레투스 출신이었다.

안탈리아(앗달리아)는 고대부터 그리스도교 공동체가 형성된 도시이며 사도행전에 언급된 "페르게"는 사도 바오로와 바르나바가 들렀던 곳으로 그리스도 순례객의 성지이다. 비잔티움(동로마)제국 시기에도 그리스도교가 번성하여 여러 성당이 세워지는 등 고대 유적지 곳곳에 초기 그리스도교와 유대교가 공존했던 흔적이 남아 있다. 안탈리아 구시가지에는 19세기 세워진 "그리스 정교회 예배당"이 보존되고 있으며 개신교의 "성 바울 연합교회"도 있다.

이 지역의 특이한 종교 성향은, 이슬람교를 비롯한 다양한 종교 공동체가 공존하며, 무슬림 여성임에도 히잡을 쓰고 그리스도교 예배에 참석하는 등 종교적 유연성이 두드러진다.

비잔티움제국에 그리스도교가 확산하면서 안탈리아는 동지중해 그리스도교 문화의 중심지 중 하나로 성장했으며 현재 구시가지에서도 초기 그리스도교인과 유대인이 함께 거주했던 흔적을 살펴볼 수 있다.

안탈리아에서는 술루아다 섬 종일 · 반나절 일정, 듀덴 폭포 · 해적선 일정, 스피드 요트 등 다양한 옵션의 요트 투어가 있다. 필자는 약간의 간식과 음료가 제공된 약 45분간의 스피드 코스를 이용하였는데, 운항 중에 지중해의 잔잔한 물결에서 돌고래가 유영하는 모습을 보는 행운을 안았으며 이국적이고 멋들어진 바위산의 정경을 만끽하였다.

안탈리아 서쪽에 올림포스산(2,365m)이 있는데, 올림포스산은 그리스에 4개, 튀르키예에 3개, 키프로스에 1개가 있다고 한다. 안탈리아 올림포스산은 신들의 제왕이 머물던 그리스 최고봉의 올림포스산(2917m)과 더불어서 신들의 고향으로 일컫는데, 이 산에는 바위틈에서 꺼지지 않는 불꽃 "키메라"가 있다. 키메라는 입으로 불을 뿜어내는 머리가 셋 달린 괴물인데, 명마 페가수스를 탄 영웅 벨레로폰에 의해 죽었다고 전해진다. 제우스신과 헤라 신의 아들인 헤파이토스는 태어나자마자 불꽃을 휘날리며 빛을 내뿜어서 어머니인 헤라가 올림포스산으로 그를 추방했다. 헤파이토스는 미의 여신인 아프로디테와 결혼하여 이곳 올림포스산에서 살았다고 하는데 아이러니하게도 산 정상에는 제우스와 헤라의 조각상이 있다.

안탈리아 올림포스산은 유럽에서 가장 긴 코스인 4,200m를 80인승의 케이블카를 타고 수직 절벽을 올라가서 정상에서 지중해와 설경을 감상할 수 있는 명소이다.

안탈리아 요트 탑승장

올림포스산 케이블카 탑승장 아래의 호수

▶ 목화의 성 파묵칼레 & 히에라폴리스

파묵칼레는 높이 약 200m의 절벽에서 단층을 뚫고 나오는 온천수의 칼슘 퇴적물에 의해 하얀 목화솜을 부드럽게 붙여 만든 것처럼 보이는 연못들이 어슷어슷 계단 형태를 이루는 독특한 지형지물이다.

BC2세기 말에 페르가몬을 다스리던 아탈리드 왕조가 이곳에 "성스러운 도시"라는 뜻의 「히에라폴리스」를 만들었으며, 그 당시의 목욕탕, 사원, 그리스 기념물 등의 잔해가 남아 있다. 로마 시대에는 이곳에 섭씨 35℃ 정도의 치유력 있는 온천수가 있음을 알게 된 유력자들이 말년에 와서 치유하다가 조용히 생을 보내는 곳이었다. 그런 연유로 1,200여 기의 무덤이 있는 대규모 공동묘지가 조성되었다.

로마는 이곳에 원형극장, 아폴로 신전, 공동묘지, 온천욕장 등 소중한 문화유적을 남겼다. 「히에라폴리스 원형극장」은 최대 15,000명을 수용할 수 있는 규모였으며, 로마 하드리아누스 황제의 방문을 기념해 만들었다.

번성했을 때 히에라폴리스의 인구는 무려 10만 명에 이르렀다고 하는데 1,354년에 이 지방을 강타한 대지진으로 2,000년 가까이 존속했던 도시는 폐허로 변해 버렸다.

파묵칼레

히에라폴리스 원형극장

그리스도의 열두제자인 "사도 빌립보"가 이곳에서 포교 활동을 하다가 서기 87년경에 도미티아누스 황제에 의해 십자가형을 당했다고 한다. 히에라폴리스는 그리스도교 주교구였으며, 그리스도교 건축물로는 대성당, 교회 등이 있다. 그중 중요한 건축물로는 도시 북서쪽의 벽 밖에 있는 「순교자 성 빌립보 기념성당」이다.

빌립보의 무덤은 2011년에 고고학 발굴팀에 의하여 원래 추정되던 무덤의 위치로부터 40m가량 떨어져 있는 곳에서 발굴되었다. 웅장한 계단 위에는 독창적인 공간 구성으로 평면이 팔각형인 건물이 있다. 중심의 팔각형으로부터 뻗어 나온 예배당, 다각형 홀, 삼각형 방들이 전체적으로 정사각형의 구조를 이루고 있는데, 주랑 현관에 맞닿은 직사각형 방들에 둘러싸여 있다. "파묵칼레 & 히에라폴리스"는 1988년 유네스코 세계문화유산으로 지정되었다.

폐허 도시가 발산하는 위대한 울림, 에페소스

에페소의 기원은 BC 6,000년경 신석기시대까지 거슬러 올라간다. 근래의 연구 조사와 발굴 작업을 통하여, 에페소와 현재 성채가 있는 아야술룩 언덕 주변의 고분 지역이 "아파사스"라고 불렸던 청동기 시대와 히타이트 시대의 거주지였음이 밝혀졌다.

BC1,050년경 그리스의 이주민들이 고대 항구도시 에페소에 정착하기 시작하였으며, BC560년대에 에페소는 무역이 성행하고 다양한 종족이 몰려 번성하면서 아르테미스 신전 주위로 중심지가 이동하였다.

비잔티움 시대에 에페소의 중심지는 최초의 위치인 아야술룩 언덕으로 다시 한번 옮겨졌다. 헬레니즘 시대와 로마 시대에 최고의 황금기를 누린 에페소는 소아시아 주의 수도이자 최대의 항구도시로서 당시 20만 명이 거주하였지만, 카이스트로스강 퇴적과 지진 등으로 쇠퇴해 폐허가 된 것을 19세기 중반 이후 대규모 발굴이 진행되었다

고대 그리스 · 로마 도시인 에페소스 유적과 성 요한 교회, 아야술르크 성,

이스라 베이 모스크 등 다양한 역사적 명소가 있다. 에페소스는 신화 속 아마존이 세웠으며, 에페시아 여왕의 이름을 따서 명명되었다고 한다. 그리스 신화 속 다산의 여신인 아르테미스의 가장 유명한 성지로서 고대 세계 7대 불가사의 중 하나인 아르테미스 신전이 자리했다.

고대 세계 7대 불가사의는 고대 그리스인이 선정한 경이로운 일곱 개의 건축물로 이집트 기자의 대피라미드, 바빌론의 공중정원, 알렉산드리아의 등대, 할리카르나소스의 마우솔레움, 올림피아의 제우스 상, 로도스의 거상과 에페소스의 아르테미스 신전을 꼽았다.

아르테미스 신전을 세 번째로 재건할 당시 길이 137m, 너비 69m, 높이 18m에 127개의 기둥을 세웠는데 각 기둥은 화려한 코린트식 양식의 대리석으로 만들어져 신전의 외관을 웅장하게 장식했다.

기둥은 신전의 중심부를 둘러싸며, 신전의 위엄과 종교적 권위를 상징하였는데 당시 건축 기술의 정점을 보여주며, 이후 여러 건축물에 영향을 미쳤다. 신전과 기둥은 여러 차례 파괴와 복원을 거쳤으며, 현재는 일부 기둥만 남아 그 규모를 짐작하게 한다.

셀수스 도서관

「셀수스 도서관」은 웅장한 파사드로 에페소스의 상징인데 고대 로마의 대표적인 도서관이다. 70만 권의 장서로 세계의 모든 지식 서를 모았다는 당대 최대 규모의 "알렉산드리아 도서관" · 요한 계시록의 아시아 7대 교회가 있던 페르가몬의 도서관으로 20만 권이 넘는 장서를 소장하였다는 "페르가몬 도서관"과 함께 고대 3대 도서관으로 평가된다.

로마의 아시아 집정관이었던 셀수스가 죽자, 그의 아들이 생전에 대단한 애서가였던 아버지를 기리면서 셀수스의 묘지를 안에 모시고 건립하여서 운용한 세계 유일의 독특한 도서관이다. 262년 화재로 12,000권의 두루마기 도서가 소실되었고 10~11세기 지진으로 폐허가 되어 현재는 그 터전에 2층 형태의 전면부 파사드만 남아 있다. 정면 파사드는 2층처럼 보이지만 실제로는 단일 층의 높은 홀인데 1층은 이오니아식, 2층은 코린트식으로 지어졌고, 1층 기둥 사이 3개의 출입구와 2층 장식용 창문이 특징이다. 입구 상단에는 삼각형 · 반원형의 페디먼트가 교차 배치되어 미적 감각이 돋보인다. 지상 반 층 계단 위에 배치된 네 여성 조각상은 지혜 · 덕 · 통찰 · 지식을 상징하는데, 원 조각상은 오스트리아 비엔나 박물관에 소장되어 있고 현재의 장소에는 복원 물로 대체하였다. 고대 3대 도서관 중 알렉산드리아 도서관과 페르가몬 도서관은 모두 파손되어 흔적을 찾을 수 없고 그나마 셀수스 도서관은 일부이지만 웅장하면서도 뛰어난 조형미의 흔적이 남아 있다.

에페소 대극장은 로마식 원형극장으로 뛰어난 음향 장치 설비가 된 24,000여 명을 동시에 수용할 정도로 큰 극장이었다. 각종 공연을 비롯하여 시민대회의장, 검투장 등으로 사용되었고 그리스도교 박해 시기에는 형장이 되기도 하였는데, 사도 바울도 이곳에서 수난을 겪었다.

에페소스는 그리스도교 초기 역사에서 빼놓을 수 없는 중요한 도시이다. 사도행전에 따르면, 그리스도교 이방인의 사도인 바울이 전도와 사목을 한 교회 중 하나로서 복음과 전도의 전진기지 역할을 하였고 요한묵시록에 등장하는 소아시아 일곱 교회 중 하나가 에페소 교회였다. "바울"은 그리스도교 최고의 지성으로서 에베소서 · 로마서 · 고린도 전서와 후서 · 디모데 전서와 후서 · 빌립보서 · 빌레몬서 · 골로새서 · 갈라디아서 등 신약성경 27권 중 무려 13권을 집필하였다. 또한 에페소스는 그리스도 열두제자인 "사도 요한의 무덤과 교회"가 자리하고 있으며 인근 코레소스 산에 성모 마리아가 사도 요한과 함께 머물다가 소천한 "성모 마리아의 집"이 있어서 그리스도교의 매우 중요한 성지이다.

열두제자 요한의 무덤과 요한 교회 모형

요한묵시록에 적힌 아시아의 7개 교회는 소아시아로 지칭되던 아나톨리아에 집중되어 있는데, 초기 그리스도교 전파와 신앙 공동체의 상징적 의미를 지닌다. 7대 교회를 정리해 보면, 이즈미르의 "에베소(에페수스)"를 비롯하여 환난과 핍박 가운데서 존경받은 "서머나(스미르나)", 사탄의 자리에 앉았다고 언급되는 "버가모(페르가모)", 마니사 주에 위치한 거짓 선지자들의 가르침에 빠진 티아티라(두아디라), 회개를 촉구받은 사데(사르디아), 믿음과 말씀으로 인내한 "빌라델비아(피라델피아)", 데니즐리에 있는 신앙의 뜨거움이 식은 교회인 "라오디게아(파묵칼레)" 등이 있다.

에페소스는 여러 신화와 종교가 혼합된 도시로 아테나, 아폴론 등 다양한

신을 숭배했다. 특히 제우스의 딸이며 아폴론의 쌍둥이 남매인 아르테미스는 기독교가 들어오기 전까지 에페소스인들에게 풍요와 생명의 여신으로 숭배받던 대상이어서, 바울이 선교를 할 때 은으로 만든 신전모형을 팔던 상인들과 갈등을 겪기도 했다. 열두제자 바울과 동행 사역하던 의사 루가에 따르면, 바울이 '우상을 숭배하지 말자'고 설교하여 사람들이 신전모형을 더 이상 사지 않았기 때문이다.

아르테미스 여신 상

하드리아누스 신전

에페소의 로마 시대 공중화장실

에페소스는 주변의 스파르타, 페르시아, 페르가몬, 로마 등의 흥망성쇠에 따라 식민지화되는 역사로 얼룩져 있다. 하지만 이러한 식민지의 역사에도 불구하고 에페소스는 상업을 통해 막대한 부를 축적했다. BC6세기의 웅대한 "아르테미스 신전"과 로마 제국 시대 AD1세기에 건조된 소아시아에서 가장 큰 로마식 건축물인 "도미티아누스 신전"의 건립은 수백 년 세월 융성기를 누렸던 시대의 산물이다. 앞서 언급하였던 셀수스 도서관이나 에페소 대극장 등

외에도 바실리카 거리와 쿠레데스 거리의 석조 기둥들, 항구 거리의 석물들, 공중화장실, 트라야누스의 분수대, 하드리아누스 신전, 승리의 여신 니케 상 등 무수히 많은 건물과 아름다운 석조물들이 찬란하고 영화로웠던 역사와 문명, 종교와 문화를 되새기며 폐허 속에서 위대한 울림소리를 발산하고 있다.

필자는 아나톨리아의 문명과 역사, 종교와 문화, 유적과 대자연을 돌아보면서 절로 겸허와 경건에 젖어간다. 그리고 척박과 비옥, 박해와 포용, 융성과 폐허, 과거와 미래가 공존하는 튀르키예야말로 축복의 대지이며 그리스도교에서 말씀하는 "거룩한 땅이며 성지"가 아닐까 하는 생각을 해본다. 척박함이 없이는 비옥함을 실감하기 어려우며 박해받지 아니한 포용이 있겠는가?

또한 융성함이 무너지기에 폐허의 고통을 알고 다시 일어설 힘을 얻으며 미흡한 과거를 성찰하여 보다 나은 미래를 향해 갈 수 있지 않겠는가?

그 모든 것을 살피고 느끼면서 서 있게 되는 곳! - 필자의 가슴에 아나톨리아(튀르키예)는 복된 땅이요 성지로 자리매김한다.

성 소피아 대성당 (아야 소피아) - 사진 : 나무위키

동로마제국 시기인 537년에 축성된 그리스도교의 대표적인 성당. 오스만제국 때부터 이슬람 모스크로 개조하여 사용됨. 터키공화국 수립 후 박물관으로 쓰였으나 2020년부터 다시 모스크로 전환됨.

돋을새김

K-가곡이란, 우리의 전통가곡에 비견比肩 되는 "근 · 현대 가곡"을 이르는 말이다. 고조선의 "공무도하가", 가야의 "구지가", 고구려의 "황조가", 백제의 "정읍사" 등으로 대표되는 구비口碑 및 한문 기록 시가를 「고전시가古傳詩歌」라 한다.

그리고 '우리말(향찰鄕札)로 지어진 시가'라서 의미 깊은 「향가鄕歌(사뇌가)」가 삼국시대 신라 말엽에 태동하여 통일신라 때 전성기를 이루었으며 "삼국유사"와 "균여전" 등에 전해지는데 고려 초까지 명맥이 이어졌다.

고려 시대에는 평민 계층의 '연정가戀情歌'가 주류이었던 「고려속요高麗俗謠」가 "악학궤범", "악장가사", "시용향악보" 등에 기록되었는데, 『고전시가 · 향가 · 고려속요』를 통칭하여 ≪고대가요古代歌謠≫로 분류한다. 지식층에서 풍류와 시조시時調詩가 만연하였던 조선 전기부터는 '풍월 시조에 가락을 붙여 노래하는 성악곡'인 ≪가곡歌曲≫이 성행하였다.

"가곡"과 구별하여 조선 시대 일반 서민들의 애환이 담긴 노래는 "소리"라고 가름하였다. 한편, 조선 중기에 중인과 양반을 중심으로 유행한 가곡의 원형으로 느린 곡조인 "만대엽慢大葉(영조 이전 소멸)", 중간 속도의 "중대엽中大葉(조선 말기 소멸)"에 이어서 조선 후기에 빠른 곡조인 "삭대엽數大葉"이 나타났는데, 그 "삭대엽"에서 '현존 가곡이 파생되었으며 ≪가곡≫의 이칭異稱'으로 쓰이기도 한다.

삭대엽은 고려가요인 「정과정鄭瓜亭」의 삼기곡三機曲에서 유래되었다고 하며 현재 조선의 가곡은 우조羽調, 계면조界面調를 포함하여 남창 26곡, 여창 15곡 등 모두 41곡이 전승되고 있다.

≪고대가요≫와 조선의 ≪가곡≫을 아울러서 [전통가곡]이라 지칭하는데 피리 · 가야금 · 거문고 · 대금 · 해금 · 장구 및 단소 등의 전통 악기와 함께 연주되어왔다.

[K-가곡(우리나라 예술가곡)]은 시와 음악이 어우러진 성악곡이지만, 우리의 전통 음계 및 발성법에서 벗어나 서양식 악곡의 형식과 창법의 도입으로 거듭났으며 현대적 악기인 "피아노"의 선율과 조화를 이룬다는 점에서 [전통가곡]과 구별된다.

우리나라에 서양음악 이론을 처음 소개한 문헌은 조선 헌종 때 실학자인 오주五洲 이규경李圭景의 저서 「오주 연문 장전 산고五洲衍文長箋散藁」인데, 서양음악의 실질적 유입은 '조선 근대화의 물꼬가 된 갑신정변(1884년) 전후'로써 찬송가와 부르기 쉬운 외국민요를 보급한 외국인 선교사들로부터 비롯되었다.

[가곡(예술가곡)]은 19세기 유럽 낭만주의 시대에 나타난 유럽 클래식 음악의 노래 형식으로서 독일의 "리트lied"(세밀한 분류로는 쿤스트리트Kunstlied), 프랑스의 "멜로디mélodie"(대중가요는 샹송), 이탈리아의 "로망스Romance"(대중가요는 칸쵸네) 등이 있는데, 「리트lied」가 가곡의 대명사로 쓰인다.

일반적으로 「가곡은 가수가 피아노와 함께 연주하는 형태」이며 낭만주의 음악을 개척한 가곡의 왕 "슈베르트Franz Peter Schubert"에 의해 확립되었다. K-가곡은 일제 치하의 창가唱歌를 기반으로 1930~1940년대 경 우리 민족의 숨결이 더해진 실험적인 가곡이 나타났고 1950년~1960년대에는 한국전쟁의 혼란기에도 불구하고 유학파 작곡가가 대거 참여하여 현대 작곡 기법을 선보이면서 많은 곡이 만들어졌다.

1970~1990년대는 안정기에 접어든 사회를 기반으로 '시인들의 수준 높은 작품과 다양한 작곡 기법을 동원한 작곡가들의 결합'으로 우량의 작품이 만들

어졌고 획기적으로 출범한 방송 매체에 편승하여 「음악회concert」 용의 가곡이 붐을 이루는 등 K-가곡의 전성기를 구가하였다.

국력이 번영하고 사회가 성숙 될수록 문화는 융성하게 된다.
한국전쟁으로 폐허가 된 상황에서도 1960~1980년대에 비약적인 경제성장을 이루며 한강의 기적을 창출하였던 민족답게 역동적인 시기에 발맞추어 문화 욕구의 갈망은 커졌고 잠재되어 있던 탁월한 예술 역량은 봇물 터지듯 분출되었다. 꾸준한 경제성장이 이어지던 1990년대 중반까지 K-가곡에도 훈풍의 메아리가 이어졌다.

그러던 것이 1997년 IMF 외환위기를 겪으면서 냉기류에 휩싸이게 되었고 대중의 팍팍한 삶을 달래줄 무대는 문화의 한 축을 이루었던 품격 있는 클래식에서 이탈하여 대중이 어울리어 쉽게 따라 부를 수 있는 "팝Pop", "발라드Ballad", "힙합Hip-hop", "리듬 앤 블루스R&B", "트로트Trot" 등으로의 급격한 이동이 이루어졌다.

그 이후 좀처럼 소생의 기미가 보이지 않는 K-가곡의 생환은, 이제 시대적 과제이며 가곡 관계자들의 소명이 되어있다.

우리는 지금 한류(韓流Hallyu/Korean Wave)라는 거대한 물결을 타고서 K-Culture의 융성기를 맞고 있다. 한류를 주도하는 K-Pop(Popular music)과 K-Drama, K-Movie 등에 이어서 K-Classic의 주요 장르인 K-가곡도 우리 민족의 독특하고 탁월한 혼과 얼을 바탕으로 가곡의 본고장인 유럽을 비롯한 세계인들에게 가슴 뭉클한 메아리를 외칠 절호의 기회에 이르렀다.

현재 국내에서 활동 중인 성악가가 무려 2,000여 명을 상회 한다고 한다. 발군의 예술혼을 지닌 우리의 성악, 기악, 작곡, 지휘 등 다방면의 인재들은 세계 유수의 음악대학으로 유학하고 권위 있는 콩쿠르에 출전하여 그 기량을 마음껏 뽐내고 우수한 성적을 거두며 세계로부터 극찬과 갈채를 받고 있다.

한국가곡작사가협회, 한국가곡작곡가협회, 한국가곡협회, 한국 중등음악가곡연구회, 한국예술가곡총연합회, 가곡동인 등 가곡을 전문으로 연구하고 창작해 가는 여러 모임도 열정적인 활동을 이어가고 있다.

또한 한국예술가곡보존회, 한국예술가곡연주회, 서울우리예술가곡협회, 한국장애예술인협회 및 각 지역 예술가곡협회, 각급 학교와 종교단체의 연주협회를 비롯한 많은 클래식 연주단체에서도 꾸준한 공연을 펼치며 예술가곡의 부흥을 꿈꾸고 있다. 그런 부단한 노력에도 불구하고 K-가곡의 도약은 지지부진하기 이를 데 없다.

그 원인으로 무분별한 일회성 소비문화의 유입에 의한 편의주의가 만연하는 세태가 눈앞에 어른거릴 수도 있지만, 『상업성에 영합한 대중 매체들의 K-가곡 외면』, 『외국 가곡을 우위에 내세우며 K-가곡을 스스로 낮잡아 대하는 가곡 공연계 자체의 아이러니한 풍조』, 『서정 작품 일변도인 작사 · 작곡 협회의 고답적인 지향으로 인한 K-가곡 발전의 답보』, 『지나치게 주관 의존적이거나 난해한 작품성으로 대중화의 저하를 불러온 문학계』 등도 걸림돌이 되고 있다.

K-가곡은 유구한 역사의 길목마다 민족의 얼을 시대에 맞게 구현해 온 전통가곡의 계승이라는 엄연한 물줄기를 헤엄쳐가고 있다. 그 물줄기에는 민족의 정통성과 민족 본연의 창의성이 꿈틀거리고 있다. 비록 K-가곡의 본태는 서정성 짙은 서양의 낭만주의 음악에서 출발하였지만, 유입된 외세에 막연하게 의존적이거나 구태의연하게 재현만 하는 모양새로는 우리 민족성의 자존감을 충족시키지 못한다. 외래의 양식이 비록 본받을 만하고 감명 깊은 품격을 지녔다고 하여도 우리의 민족성에는 더 빼어난 우리만의 "것"을 창출해

내는 유전자가 있다. 그것이 우리의 본새다. 그것이 우리이다.

서양 가곡이 비록 서정 본위抒情本位라 하여도 우리는 우리 주체의 얼을 담아가며 발전시키고 변화하면서 우리만의 "것"을 찰지게 빚어나가야 한다. 서정의 멜로디에 익숙해질 대로 익숙해진 피아노 건반일지라도, 'K-가곡과 어우러짐'을 우리 정서와 해학과 풍자로써 맛깔스럽게 튕겨볼 수 있지 않겠는가? 그리하여 '우리만의, K-가곡만의' 독창적이고 민족성 짙은 예술세계를 펼쳐나갈 수도 있지 않겠는가?

바야흐로 쿼터제quota制에 대한 갈망이 깊어가는 때이다.

영화계에는 "스크린쿼터제"가 있어서 극장상영 일수에서 일정 기준에 걸맞은 일정 일수를 한국 영화 상영에 할애하도록 제도적으로 뒷받침하고 있다. 방송법 71조 2항 '방송편성'에는 〈창작분야 쿼터제〉가 명시되어 있는데, 순수음악을 외면하고 있는 오류입법이다. 이른바 "방송 사업자는 연간 방송되는 영화 · 애니메이션 및 대중음악 중 '국내에서 제작된 영화 · 애니메이션 및 대중음악'을 대통령령이 정하는 바에 따라 일정한 비율 이상을 편성"하도록 규정하고 있다. 촘촘히 들여다보면, 방송 사업자는 대중음악만을 편성하도록 규정하고 있다.

여러 방송사 가운데 2025년 하반기 현재, K-가곡을 내보내는 곳은 KBS FM의 「정다운 가곡」과 KBS1 TV 「열린음악회」의 궁색한 일부분, 오밤중에 편성된 SBS 「가곡의 향연」 그리고 연례행사로 치르는 MBC 「가곡의 밤」 정도가 전부이다. 이런 풍토에서 K-가곡을 비롯한 순수음악은 발 딛고 설 만한 공간이 없는 실정이다. 그나마 순수음악 중 국악은 전통예술에 포함되어 "문예진흥법"에서 전통예술의 보존과 육성이라는 취지로 장려되고 정부의 예산지원을 받고 있으며 국악방송이 운영되고 있기에 큰 힘이 되고 있다.

"대중음악"만을 콕 집어서 의무 편성시키는 어이없는 방송법에 편승하여 방송 매체들은 오류입법을 입맛에 맞추어 해석하면서 달콤한 상업주의에 빠져 있다.

2020년 1월 16일 국회 제2 소회의실에서 법 개정을 위한 공청회를 거쳐 '여야의원 17명이 법 오류를 인정하고 개정안으로 발의'했지만, "공수처법 패스트트랙" 등 당시 여야의 정쟁으로 말미암아 수면 아래로 들어가 버렸다. 방송법 71조 2항의 독소조항 개정은 뒷전으로 밀려난 채, 22대 국회에서도 아직 강 건너 불구경하듯 외면하고 있다. '국회 스스로 오류입법임을 인정한 악법'을 국회는 언제까지 묻어만 두고 있을 것인가? 하루빨리 부당하고 편향된 입법을 바로 잡기를 갈망한다.

2025년 늦가을에 저자 오연복

오연복의 K-가곡 톺아보기

아로새김

인쇄 2026년 1월 12일
발행 2026년 1월 15일

지은이 오연복
발행인 서정환
펴낸곳 신아출판사
주소 전북 전주시 완산구 공북 1길 16
전화 (063) 275-4000
팩스 (063) 274-3131
이메일 sina321@hanmail.net
출판등록 제465-1984-000004호
인쇄 · 제본 신아문예사

ISBN 979-11-24068-43-4 03810
값 20,000원

Printed in KOREA